Trámites online con la Seguridad Social

ADGD266PO Administración y gestión

EF/ADGD266PO/MAY/24

© CEA. Ediciones Valbuena

ISBN: 978-84-1077-014-0
Depósito legal: M-12732-2024
Editado en mayo de 2024
Imprime: Ediciones Valbuena, S.A.
Impreso en España. Printed in Spain

PRESENTACIÓN

Comprometidos por ofrecer una propuesta formativa ajustada a las necesidades de la sociedad y del mercado de trabajo, Ediciones Valbuena presenta este manual para la Especialidad formativa de **Trámites online con la Seguridad Social** , perteneciente a la Familia profesional de **Administración y gestión**.

Esta **Especialidad Formativa**, con una duración asociada de 35 horas, se integra en el Catálogo de especialidades con el código ADGD266PO.

En la elaboración de los contenidos hemos pretendido garantizar la **adquisición, mejora y actualización de las competencias profesionales** requeridas en el mercado laboral, así como fomentar el **aprendizaje**.

En nuestra página web **www.adams.es** estarás al día de todo en cuanto a información sobre cursos, productos y servicios se refiere, además tendrás la opción de dirigirnos cualquier consulta o sugerencia a través de **adams@adams.es**

Esperando haber cumplido el objetivo propuesto, te expresamos nuestros mejores deseos de éxito.

Ediciones Valbuena

Índice

Test de Unidades

Iconos de Información

Definición

Recuerda

Ejemplo

Nota

Importante

Más información

Resumen

UNIDAD DIDÁCTICA 1

Introducción a la Sede Electrónica de la Seguridad Social

Contenido & Objetivos

Introducción

1. Diferencia entre Sede Electrónica, portal y oficina virtual

2. Acceso a los ciudadanos

3. Acceso a las empresas

4. Acceso a las Administraciones y mutuas colaboradoras

Resumen

Los **objetivos** de esta unidad son:

1. Conocer qué es un certificado digital.

2. Conocer qué es la Sede Electrónica de la Seguridad Social.

3. Conocer qué servicio ofrece para los ciudadanos, empresas, mutuas y Administraciones.

Introducción

La Unión Europea se ha fijado como objetivo reducir la burocracia en los negocios y mejorar su accesibilidad con los ciudadanos, así como garantizar la compatibilidad de los diferentes sistemas nacionales de las administraciones electrónicas.

De cara a alcanzar estos objetivos, la UE publica el reglamento Nº 910/2014 *"relativo a la identificación electrónica y los servicios de confianza para las transacciones electrónicas en el mercado interior y por la que se deroga la Directiva 1999/93/CE"* en el que establece el marco jurídico para el reconocimiento de las identidades electrónicas a través de las fronteras.

Dicho Reglamento, en su consideración (2), dice:

"El presente Reglamento se propone reforzar la confianza en las transacciones electrónicas en el mercado interior proporcionando una base común para lograr interacciones electrónicas seguras entre los ciudadanos, las empresas y las administraciones públicas e incrementando, en consecuencia, la eficacia de los servicios en línea públicos y privados, los negocios electrónicos y el comercio electrónico en la Unión".

Y en la (3) añade:

"La Directiva 1999/93/CE del Parlamento Europeo y del Consejo se refiere a las firmas electrónicas, sin ofrecer un marco global transfronterizo e intersectorial para garantizar unas transacciones electrónicas seguras, fiables y de fácil uso. El presente Reglamento refuerza y amplía el acervo que representa dicha Directiva".

Dentro de todo este marco normativo comunitario, los estados miembros adaptan sus servicios públicos para hacerlos más accesibles y seguros para los ciudadanos. En nuestro caso, y en relación con la Seguridad Social, la Sede Electrónica es la dirección electrónica disponible para que los ciudadanos y empresas pueden realizar sus trámites a través de Internet con la Seguridad Social y cuya titularidad, gestión y administración corresponde por completo a la Seguridad Social, órgano o entidad administrativa en el ejercicio de sus competencias.

Está abierta las 24 horas del día a todos los ciudadanos y empresas que deciden o tienen la obligación de interactuar con la Seguridad Social por Internet.

 Según sea un ciudadano, empresa, mutua o Administración, y dependiendo del régimen de afiliación a la Seguridad Social, se tiene acceso a la presentación de documentación por registro electrónico, recepción de notificaciones telemáticas y otros servicios que antes requerían presencia física.

1. Diferencia entre Sede Electrónica, portal y oficina virtual

Existe una gran confusión entre los conceptos de sede electrónica, portal y oficina virtual. Muchos usuarios no saben distinguir unas de otras.

- **Portal**

  ⇨ Contiene información, campañas e, incluso, trámites que no necesitan autenticación.

  ⇨ No se le exige las condiciones que debe cumplir una sede.

- **Oficina virtual**

  ⇨ Espacio en Internet en que podemos realizar actividades similares a las de una oficina física.

  ⇨ No se le exige las condiciones que debe cumplir una Sede.

- **Sede electrónica**

  ⇨ Dirección electrónica disponible para los ciudadanos a través de las redes de telecomunicaciones cuya titularidad, gestión y administración corresponde a una Administración Pública, órgano o entidad administrativa en el ejercicio de sus competencias.

  ⇨ Debe cumplir una serie de requisitos:

  ▶ Integridad de los contenidos.

  ▶ Veracidad de los contenidos.

  ▶ La información ha de estar actualizada.

  ▶ Los servicios han de estar actualizados.

  ▶ Garantizar la identidad del titular de la Sede.

  ▶ Garantizar un medio para formular quejas y sugerencias.

⇨ Y debe respetar una serie de principios:

▶ Publicidad oficial.

▶ Responsabilidad.

▶ Calidad.

▶ Seguridad.

▶ Disponibilidad.

▶ Accesibilidad.

▶ Neutralidad.

▶ Interoperabilidad de la identificación.

2. Acceso a los ciudadanos

2.1. Certificado digital

Antes de entrar en profundidad en la sede de la Seguridad Social, debemos saber que todos los trámites y gestiones que podemos realizar en ella pueden hacerse con un certificado digital. Algunas podrán llevarse a cabo con alguna otra forma de autenticación, como puede ser la Cl@ve o el DNI electrónico. E, incluso, en contadas ocasiones podrá realizarse alguna sin más requerimientos que el correo electrónico.

Así pues, para iniciarnos, vamos a analizar qué es un certificado digital, ya que se trata de la herramienta que nos va a permitir acceder a la totalidad de los servicios que nos ofrece dicha sede.

Un certificado digital es una herramienta que permite garantizar, técnica y legalmente, la identidad del emisor de un documento a través de Internet. Y consiste en un conjunto de datos que se incorporan al navegador del usuario.

15

El certificado digital nos permite:

1. Realizar una firma electrónica de documentos. El receptor de un documento firmado puede estar seguro que este documento es el original y no ha sido manipulado y el autor de la firma electrónica no podrá negar la autoría de esta firma.

2. Que las comunicaciones sean cifradas. Únicamente el destinatario de la información tendrá acceso a su contenido.

Cada certificado digital se compone de dos claves criptográficas, una pública y una privada, creadas con un algoritmo matemático, y trabajan de manera que lo que una clave cifra solo se puede descifrar con su clave pareja.

Todo titular de un certificado debe mantener bajo su custodia la clave privada. Si esta clave es robada, el titular debe revocar el certificado a la mayor brevedad de cara a evitar cualquier tipo de problema.

La **Autoridad de Certificación** es la entidad que asegura que la clave pública se corresponde con los datos del titular; la Autoridad de Certificación es la encargada de emitir los certificados para los titulares una vez que ha comprobado la identidad de los mismos.

El organismo que se dedica a la creación y gestión de los certificados digitales en España es **CERES** (Certificación Española).

El formato de los certificados digitales está definido por el estándar internacional ITU-T X.509. De este modo, los certificados pueden ser leídos o escritos por cualquier aplicación que cumpla con el mencionado estándar.

En este sentido, el Real Decreto 203/2021, de 30 de marzo, por el que se aprueba el Reglamento de actuación y funcionamiento del sector público por medios electrónicos, define "certificado electrónico" como el documento emitido y firmado por la Autoridad de Certificación que identifica una clave pública con su propietario. Cada certificado está identificado por un número de serie único y tiene un periodo de validez que está incluido en el certificado.

2.2. Firma electrónica y firma digital

La **firma electrónica** solo puede realizarse con la clave privada. Siendo este un concepto más amplio que el de firma digital.

La **firma digital** se refiere a una serie de **métodos criptográficos**, mientras que la **firma electrónica** es de naturaleza eminentemente **legal**, ya que da a la firma un marco normativo que otorga validez jurídica.

Una firma electrónica puede vincular un documento identificando a su autor, señalando la conformidad o disconformidad con el contenido de dicho documento, para señalar que se ha leído o garantizar que es el original y no ha sido modificado.

El Real Decreto 203/2021, de 30 de marzo, por el que se aprueba el Reglamento de actuación y funcionamiento del sector público por medios electrónicos, define "firma electrónica" como los datos en formato electrónico anejos a otros datos electrónicos o asociados de manera lógica con ellos que utiliza el firmante para firmar.

2.3. Tipos de certificados

Atendiendo a la normativa, existen dos tipos de certificados electrónicos fundamentales:

1. **Certificado electrónico**

    Documento firmado electrónicamente por un prestador de servicios de certificación que vincula unos datos de verificación de firma a un firmante y confirma su identidad.

2. **Certificado electrónico cualificado**

    Un certificado de firma electrónica que ha sido expedido por un prestador cualificado de servicios de confianza y que cumple los requisitos establecidos en el anexo I del Reglamento UE 910/2014 del Parlamento Europeo y del Consejo de 23 de julio de 2014 relativo a la identificación electrónica y los servicios de confianza para las transacciones, electrónicas en el mercado interior y por la que se deroga la Directiva 1999/93/CE..

Según la normativa actual podemos diferenciar entre cuatro certificados:

- **Certificado de persona física**

    Es aquel que identifica a una persona individual. Este certificado permitirá identificarse de forma telemática y firmar o cifrar documentos electrónicos.

- **Certificado de representante de persona jurídica**

    Es aquel que se expide a las personas físicas como representantes de las personas jurídicas.

    ⇨ **Representante para administradores únicos y solidarios**. Vincula un firmante con unos datos de verificación de firma y confirma su identidad. El firmante actúa en representación de una persona jurídica en calidad de representante legal, con su cargo de administrador único o solidario inscrito en el Registro Mercantil.

⇨ **Representante de persona jurídica**. Vincula un firmante a unos datos de verificación de firma y confirma su identidad. Este certificado se expide a las personas jurídicas para su uso en sus relaciones con aquellas Administraciones Públicas, entidades y organismos públicos, vinculados o dependientes de las mismas.

⇨ **Certificado de representante entidad sin personalidad jurídica**: es aquel que se expide a las personas físicas como representantes de las entidades. Vincula un firmante a unos datos de verificación de firma y confirma su identidad en los trámites tributarios y otros ámbitos admitidos por la legislación vigente.

- **Certificados AP (Administración pública)**

  Son los que se expiden para identificar a las Administraciones Públicas y los empleados públicos en el ejercicio de sus funciones.

  La Ley 40/2015, de 1 de octubre, de Régimen Jurídico del Sector Público, regula los sistemas de identificación de las Administraciones Públicas y también los sistemas de firma electrónica del personal al servicio de las Administraciones Públicas y de sello electrónico para la actuación administrativa automatizada.

- **Certificados de componente**

  La FNMT-RCM también emite certificados electrónicos para la identificación de servidores o aplicaciones informáticas dotándolas de la confianza que otorga la FNMT-RCM como Autoridad de Certificación.

  a) Certificados de servidor SSL/TLS, wildcard y SAN multidominio.

  b) Certificado de sello de entidad.

  c) Certificados de sede y sello para la Administración Pública.

2.4. Pasos a seguir de cara a la obtención de un certificado digital

▶ Entramos en la página web de la Fábrica Nacional de Moneda y Timbre (FNMT), o de cualquier otra Autoridad de Certificación.

▶ Solicitamos el certificado.

▶ Hay que rellenar una serie de datos. Una vez cumplimentados nos envían un código a través de un SMS a nuestro teléfono.

▶ A continuación, debemos acreditar nuestra identidad presentándonos ante cualquier oficina de registro autorizada por la Autoridad de Certificación.

▶ Regresamos y descargamos el certificado desde la página web de la FNMT.

 Es conveniente hacer una copia de seguridad del certificado electrónico.

Prestadores de Servicios de Certificación:

- 3G MOBILE GROUP.

- AC ABOGACÍA.

- Agencia de Tecnología y Certificación Electrónica – ACCV.

- ANCERT – Agencia Notarial de Certificación.

- ANF AC.

- AVIVA VOICE.

- BEWOR.

- BTP ONETEC.

- CAMERFIRMA.

- CERES Fábrica Nacional de Moneda y Timbre – Real Casa de la moneda (FNMT-RCM).

- CMC.

- CODICERT.

- Coloriuris, Prestador de Servicios de Confianza (CIPSC).

- Consejo General de Colegios Oficiales de Médicos de España (AC-CGCOM).

- Consorci AOC (CATCert).

- CUSTOMER COMMS.

- DEH ONLINE.

- DIGITEL TS.

- Dirección General de la Policía.

- DOCUTEN.

- EAD TRUST.

- EDICOM.

- ELECTRONIC IDENTIFICATION.

- ENTRUST EU.

- ESFIRMA.

- Evicertia.

- FACTORYMAIL.

- Firma profesional S.A.

- FULL CERTIFICATE, WEVOTE, AVISOS CERTIFICADOS.

- INDIZE.

- Izenpe, S.A.

- Lleida.net.

- LLEIDANET PKI.

- Logalty Servicios de Tercero de Confianza S.L.

- MAILTEK.

- MENSATEK.

- Ministerio de Defensa de España.

- REGISTRADORES DE ESPAÑA.

- SECTIGO.

- SIA.

- Signaturit.

- SIGNATURE-IVNOSYS.

- SIGNE Autoridad de Certificación.

- TECALIS.

- TRUSTCLOUD.

- UANATACA.

- VALIDATED ID.

- Viafirma

No obstante, en la Sede Electrónica del Centro Criptológico Nacional (CCN) podemos encontrar una relación actualizada con las entidades de certificación acreditadas para expedir certificaciones de conformidad con el Esquema Nacional de Seguridad (ENS).

2.5. PKI *(Public Key Infrastructure)*

Para que los certificados funcionen tienen que tener un soporte e infraestructura que les haga operativos, que les dote de seguridad. Esta infraestructura es la **PKI**.

 PKI es el acrónimo de *Public Key Infrastructure* (infraestructura de clave pública) y es el conjunto de hardware, software, políticas y procedimientos de seguridad que hacen posible y con garantías las comunicaciones mediante el uso de los certificados digitales y firmas digitales.

Así se logran los cuatro **objetivos de seguridad informática**:

1. Autenticidad.

2. Confidencialidad.

3. Integridad.

4. No repudio (el emisor no puede negar su emisión).

Los elementos fundamentales que componen una PKI son:

a) **(CA) La Autoridad de Certificación** *(Certificate Authority)*. Es la parte fundamental del sistema, ya que es la que otorga la confianza en la PKI. Está compuesta por elementos humanos, hardware y software. Es la que se encarga de emitir y revocar los certificados digitales.

b) **(RA) La Autoridad de Registro** *(Registration Authority)*. Es la responsable de controlar la emisión y revocación de los certificados y quien da legitimidad a la relación de una clave pública con la identidad del usuario.

21

c) **(VA) La Autoridad de Validación** *(Validation Authority)*. Su misión es comprobar la validez de los certificados digitales.

d) **Repositorios**. La **autoridad de depósito** es la que se encarga del almacenamiento de los certificados digitales emitidos, los revocados y aquellos que por algún motivo han dejado de ser válidos.

e) **(TSA) La Autoridad de Sellado de Tiempo**. Tiene como misión la de firmar los documentos para garantizar la fecha y hora de realización de cualquier operación o transacción por medios electrónicos. A través de la emisión de un sello de tiempo sobre un documento se genera una evidencia que determina la existencia de ese documento en un instante determinado.

f) **Entidad final**. Es el usuario del certificado digital.

g) **Autoridad de custodia**. Es la entidad responsable de almacenar y mantener seguras las claves de encriptación generadas por las Autoridades de Registro para poder restaurarlas si fuera necesario.

h) **Publicación de certificados**. Es un requisito legal que permite un acceso total y es un repositorio de certificados que permite a los usuarios operar entre sí.

 Existen muchos más componentes adicionales, y cada uno de estos elementos es un sistema complejo en sí mismo. Algunos de ellos pueden ser:

⇨ **Soporte de la clave privada**. Es el hardware que soporta y custodia la clave privada de los usuarios.

⇨ **Aplicaciones PKI-Enabled**. Son las aplicaciones de software capaces de operar con certificados digitales. Estas son las aplicaciones que dan el valor real de la PKI de cara al usuario.

⇨ **Políticas de certificación**. Son las bases, criterios y procedimientos operativos, que rigen el funcionamiento de la PKI y determinan los compromisos existentes entre la Autoridad Certificadora y los usuarios finales. Esta documentación tiene un carácter técnico y legal.

2.6. Cl@ve

Además del certificado electrónico, la Seguridad Social nos permite utilizar otros sistemas para identificarnos a través de Internet. Uno de ellos es Cl@ve.

Se trata de una plataforma de verificación de identidades electrónicas para identificar y autentificar a los ciudadanos.

Nos permite realizar una identificación personal ante la Administración Pública con total garantía de seguridad.

Para poder utilizarla debemos registrarnos previamente. Esto lo podemos hacer de tres modos:

▶ **A través de Internet sin certificado electrónico**

1. Debemos realizar una **solicitud de la carta de invitación y registro en Cl@ve con CSV (Código Seguro de Verificación)**. Para hacerlo, entraremos en la página de Cl@ve y accederemos a la opción "Registrarse en Cl@ve". Cubriremos los datos que nos solicita y pulsamos "Continuar". En ese momento se validan los datos. A continuación, podemos pulsar "Sí, envíenme una carta de invitación a mi domicilio fiscal".

2. Al recibir la carta de invitación debemos entrar nuevamente en la página de Cl@ve y acceder a la opción "**Registrarse en Cl@ve**". Cubriremos los datos que nos solicita y pulsamos "Ya dispongo de una carta invitación". A continuación, nos solicita el CSV que hemos recibido en la comunicación postal (se trata de un Código de 16 caracteres). Lo introducimos y pulsamos "Continuar". Una vez que son validados los datos de identificación, debemos aportar el número de teléfono móvil y el correo electrónico.

3. **Confirmación.** En la página nos aparecerá un mensaje que confirmará nuestro alta en el sistema de identificación y firma. También nos recuerda que los códigos PIN obtenidos son personales e intransferibles.

▶ **A través de Internet con certificado electrónico**

Si lo que queremos es tener un acceso a un mayor número de trámites debemos optar por una Cl@ve de nivel avanzado. Entonces podremos hacer el trámite a través de Internet **con certificado electrónico o DNI electrónico**. Para ello debemos disponer de un certificado electrónico o un DNI electrónico para registrarnos.

En este caso deberemos realizar cuatro pasos:

1. Accedemos a la página de Cl@ve y pulsamos en "Registrarse, renunciar y modificar datos en Cl@ve de la Sede Electrónica".

2. Nos identificamos con nuestro certificado digital o DNI electrónico.

3. Elegimos entre:

    -   "Alta".

    -   "Renunciar al servicio".

    -   "Modificación de datos".

        En nuestro caso, pulsamos la opción "Alta", donde nos va a pedir un número de teléfono móvil para recibir los PIN del sistema Cl@ve.

4. Confirmación.

    Una vez hemos concluido aparece una pantalla en la que nos informa de la finalización del proceso de alta con resultado satisfactorio, recordando que los PIN son personales e intransferibles.

▶ **Presencialmente en una oficina de registro**

Haciéndolo de esta manera obtenemos una Cl@ve de nivel avanzado, ya que acreditamos nuestra persona al realizar el alta.

2.7. Trámites

Los ciudadanos podrán acceder a la Sede y realizar trámites durante las 24 horas del día y los 365 días del año.

 No obstante, es importante tener en cuenta los plazos que cada trámite puede tener y que las actuaciones realizadas en días inhábiles tendrán efecto el primer día hábil posterior a su realización.

También habrá que tener en cuenta que, aunque el acceso es durante las 24 horas del día, podemos encontrarnos con franjas horarias en las que no esté disponible debido a tareas de mantenimiento técnico.

Podremos realizar trámites sobre los siguientes apartados:

-   Informes y Certificados.

-   Variación de Datos.

- Pensiones.

- Incapacidad.

- Familia.

- Asistencia Sanitaria.

- Afiliación e Inscripción.

- Cotización.

- Recaudación.

- Régimen Especial del Mar.

- Impugnaciones.

- Procedimientos.

- Cita previa para pensiones y otras prestaciones.

Haciendo clic sobre cada uno de estos apartados, se abre un desplegable con todas las opciones que se encuentran agrupadas en el mismo.

 Las comunicaciones que se producen entre el ciudadano y la Sede son seguras. La información se transmite de manera cifrada y los certificados digitales garantizan que las partes intervinientes sean las que se identifican y no sean suplantadas. Una vez que los datos han llegado a la Sede son guardados en su sistema, que está dotado de los medios necesarios para protegerlos con seguridad.

3. Acceso a las empresas

3.1. Introducción

Las empresas podrán acceder a la Sede y realizar trámites durante las 24 horas del día y los 365 días del año.

No obstante, es importante tener en cuenta los plazos que cada trámite puede tener y que las actuaciones realizadas en días inhábiles que tendrán efecto como realizadas el primer día hábil posterior a su realización.

También habrá que tener en cuenta que, aunque el acceso es durante las 24 horas del día, podemos encontrarnos con franjas horarias en las que no esté disponible debido a tareas de mantenimiento técnico.

En este apartado tenemos que destacar:

▶ El acceso al **Sistema RED** porque, posiblemente, sea la utilidad que mayor uso le den las empresas dentro de la Sede, ya que su utilización es obligatoria.

▶ El acceso a **Registro electrónico** que es para uso exclusivo de trámites de la Seguridad Social (cualquier empresa o ciudadano que desee presentar documentación para otras administraciones u organismos deberá utilizar el Registro Electrónico Común).

Los trámites que podemos realizar son:

⇨ Informes y certificados.

⇨ Comunicación y variación de datos.

⇨ Afiliación e inscripción.

⇨ Recaudación.

⇨ Impugnaciones.

⇨ RED.

⇨ Prestaciones.

⇨ Otros procedimientos.

⇨ CEPROSS.

⇨ PANOTRATSS.

3.2. Informes y certificados

Certificado de estar al corriente en las obligaciones de la Seguridad Social

Se puede realizar mediante:

▶ Certificado electrónico.

▶ Usuario + contraseña.

▶ Cl@ve.

▶ Vía SMS.

Las empresas con número de Código Cuenta Cotización pueden obtener un certificado en el que se informa sobre la existencia o no de deudas con la Seguridad Social. También pueden realizar la consulta sin obtener el certificado.

Duplicado de documentos de Inscripción y Asignación de CCC para empresario

Se puede realizar mediante:

• Certificado electrónico.

• Usuario + contraseña.

• Cl@ve.

• Vía SMS.

El empresario puede obtener un duplicado de su documento de inscripción como empresario, así como de cada uno de sus Códigos de Cuenta Cotización (CCC).

Duplicado de resolución de alta/baja en Régimen Especial de trabajadores por cuenta propia o autónomos

Se puede realizar mediante:

⇨ Certificado electrónico.

⇨ Usuario + contraseña.

⇨ Cl@ve.

⇨ Vía SMS.

El empresario puede imprimir o consultar los documentos de resolución de sus altas y bajas en el Régimen Especial de trabajadores por cuenta propia o autónomos.

Informe de datos de cotización RETA

Se puede realizar mediante:

▶ Certificado electrónico.

▶ Usuario + contraseña.

▶ Cl@ve.

▶ Vía SMS.

La empresa puede obtener un Informe de Datos de Cotización en el Régimen Especial de trabajadores por cuenta propia o autónomos.

Informe de datos de cotización RETM

Se puede realizar mediante:

• Certificado electrónico.

• Usuario + contraseña.

• Cl@ve.

• Vía SMS.

La empresa puede obtener un Informe de Datos de Cotización en el Régimen Especial de trabajadores del Mar.

Informe de estar al corriente en las obligaciones de la Seguridad Social

Se puede realizar mediante:

⇨ Certificado electrónico.

⇨ Usuario + contraseña.

⇨ Cl@ve.

⇨ Sin certificado.

⇨ Vía SMS.

La empresa puede consultar e imprimir un informe sobre las deudas o inexistencia de ellas con la Seguridad Social. En caso realizar el trámite sin certificado digital el informe es enviado por correo ordinario al domicilio de la misma.

Informe de situación de empresario individual

Se puede realizar mediante:

• Certificado electrónico.

• Usuario + contraseña.

• Cl@ve.

• Vía SMS.

La empresa puede consultar e imprimir un informe de la situación que consta en la Seguridad Social acerca de cada uno de sus Códigos de Cuenta de Cotización (CCC).

Informe negativo de inscripción de empresario

Se puede realizar mediante:

⇨ Certificado electrónico.

⇨ Usuario + contraseña.

⇨ Cl@ve.

⇨ Vía SMS.

La empresa puede consultar e imprimir un informe de no inscripción como empresario dentro del sistema de la Seguridad Social.

Solicitud de certificado de prestaciones (como representante)

Se puede realizar mediante:

▶ Certificado electrónico.

▶ Usuario + contraseña.

▶ Cl@ve.

▶ Vía SMS.

Este trámite da acceso a que un representante, a través del registro electrónico y actuando en nombre de otra persona, obtenga un certificado de las prestaciones percibidas de la Seguridad Social.

3.3. Comunicación y variación de datos

Comunicación de declaración de concurso a la TGSS

Se puede realizar mediante:

• Certificado electrónico.

• Usuario + contraseña.

• Cl@ve.

• Vía SMS.

La Administración Concursal puede solicitar, a través de Registro electrónico, la comunicación de la declaración de concurso a la TGSS.

Comunicación de nombramiento de mediador concursal y aceptación del cargo

Se puede realizar mediante:

⇨ Certificado electrónico.

⇨ Usuario + contraseña.

⇨ Cl@ve.

⇨ Vía SMS.

Los notarios, registradores mercantiles y Cámaras de Comercio pueden comunicar, a través de Registro electrónico, los mediadores concursales que hayan nombrado para que los deudores puedan alcanzar un acuerdo extrajudicial con sus acreedores.

3.4. Afiliación e inscripción

Alta de trabajador en el Régimen Especial de Trabajadores Autónomos (RETA)

Se puede realizar mediante:

▶ Certificado electrónico.

▶ Usuario + contraseña.

▶ Cl@ve.

▶ Vía SMS.

Se puede solicitar el alta en el Régimen Especial de Trabajadores Autónomos.

Alta en Sistema Especial para Empleados de Hogar

Se puede realizar a través del Portal de la Tesorería Import@ss.

Se puede tramitar el alta de trabajadores en el Sistema Especial para Empleados de Hogar.

Alta en convenio especial

Se puede realizar mediante:

⇨ Certificado electrónico.

⇨ Usuario + contraseña.

⇨ Cl@ve.

Se puede, a través de Registro electrónico, solicitar un alta o continuación en situación de alta o asimilada en la Seguridad Social mediante la suscripción de un convenio especial.

Baja de trabajador en el Régimen Especial de Trabajadores Autónomos (RETA)

Se puede realizar mediante:

▶ Certificado electrónico.

▶ Usuario + contraseña.

▶ Cl@ve.

▶ Vía SMS.

Se puede causar baja en el Régimen especial de trabajadores por cuenta propia o autónomos.

Baja del empresario

Se puede realizar mediante:

• Certificado electrónico.

• Usuario + contraseña.

• Cl@ve.

Se puede anotar, a través de Registro electrónico, la baja de la empresa una comunicada la baja de todos sus trabajadores.

Baja en Sistema Especial para Empleados de Hogar

Se puede realizar a través del Portal de la Tesorería Import@ss.

Puede tramitar la baja de los trabajadores en el Sistema de Empleados de Hogar.

Baja en convenio especial

Se puede realizar mediante:

▶ Certificado electrónico.

▶ Usuario + contraseña.

▶ Cl@ve.

Se puede solicitar, a través de Registro electrónico, la finalización de un convenio especial que se haya suscrito con la TGSS.

Baja en convenio especial por Expediente de Regulación de Empleo

Se puede realizar mediante:

• Certificado electrónico.

- Usuario + contraseña.

- Cl@ve.

Se puede solicitar, a través de Registro electrónico, la finalización de un convenio especial ERE, bien sea por fallecimiento o por el cambio de condición del suscriptor por jubilación.

Cambio de base de cotización en el Régimen Especial de Trabajadores Autónomos

Se puede realizar mediante:

⇨ Certificado electrónico.

⇨ Usuario + contraseña.

⇨ Cl@ve.

⇨ Vía SMS.

Se puede solicitar el aumento o disminución de la base de cotización.

Comunicación de teléfono y correo electrónico del empresario

Se puede realizar mediante:

▶ Certificado electrónico.

▶ Usuario + contraseña.

▶ Cl@ve.

▶ Vía SMS.

Se puede comunicar el teléfono móvil, fijo y correo electrónico, así como modificarlos.

Eliminación de altas/bajas previas de trabajadores en el Sistema Especial para Empleados de Hogar

Se puede realizar a través del Portal de la Tesorería Import@ss.

Se pueden eliminar altas y bajas previas de trabajadores en el Sistema Especial para Empleados de Hogar.

Estadísticas de Afiliación

Se puede realizar sin certificado.

Se pueden consultar los datos estadísticos sobre afiliados en alta laboral y empresas cotizantes en el Sistema de la Seguridad Social mediante la Herramienta Px-Web.

Informe negativo de inscripción de empresario

Se puede realizar mediante:

⇨ Certificado electrónico.

⇨ Usuario + contraseña.

⇨ Cl@ve.

⇨ Vía SMS.

Se puede consultar e imprimir un informe sobre la no inscripción como empresario en el sistema de la Seguridad Social.

Inscripción y asignación de CCC para empresario colectivo

Se puede realizar mediante certificado electrónico y Cl@ve.

Se puede solicitar la asignación de Código Cuenta Cotización principal o secundario.

Inscripción y asignación de CCC para empresario individual

Se puede realizar mediante:

▶ Certificado electrónico.

▶ Usuario + contraseña.

▶ Cl@ve.

▶ Vía SMS.

Se puede solicitar la asignación de Código Cuenta Cotización principal o secundario.

Modificación de Actividad RETA

Se puede realizar mediante:

• Certificado electrónico.

• Usuario + contraseña.

- Cl@ve.

- Vía SMS.

Se puede modificar la actividad anotada por error en el alta del Régimen Especial de Trabajadores Autónomos (RETA) así como modificarla con psoterioridad.

Modificación de la Condición RETA

Se puede realizar mediante:

⇨ Certificado electrónico.

⇨ Usuario + contraseña.

⇨ Cl@ve.

⇨ Vía SMS.

Se puede corregir la condición del trabajador autónomo anotada por error en el alta y también su modificación posterior en el Régimen Especial de Trabajadores Autóno-mos (condición de: titular, colaborador familiar, socio colaborador y otros).

Reinicio de la actividad empresarial

Se puede realizar mediante:

▶ Certificado electrónico.

▶ Usuario + contraseña.

▶ Cl@ve.

Se puede reiniciar, solicitándolo a través del Registro electrónico, el reinicio de la actividad empresarial y la activación del CCC de la actividad.

Solicitud de desplazamiento. Modelo TA 300

Se puede realizar mediante:

- Certificado electrónico.

- Usuario + contraseña.

- Cl@ve.

Se puede cubrir, a través de Registro electrónico, el documento necesario para los desplazamientos temporales a uno o más países con los que existe norma internacio-nal de Seguridad Social.

Variaciones/Correcciones de datos de trabajadores en el Sistema Especial para Empleados de Hogar

Se puede realizar a través del Portal de la Tesorería Import@ss.

Se pueden corregir o modificar los datos tipo de contrato y retribución.

Variación de datos del Código de Cuenta Cotización

Se puede realizar mediante:

⇨   Certificado electrónico.

⇨   Usuario + contraseña.

⇨   Cl@ve.

Se puede, a través del Registro electrónico, variar los datos que identifican a una empresa, salvedad hecha de la entidad gestora o colaboradora.

Modificación de datos de trabajo autónomo

Se puede realizar mediante:

▶   Certificado electrónico.

▶   Usuario + contraseña.

▶   Cl@ve.

Se puede, a través de Registro electrónico, modificar los datos identificativos laborales de un trabajador de alta en el RETA. También se puede adjuntar la documentación necesaria para acreditar que se cumplen los requisitos para el acceso a determinados beneficios.

3.5.   Recaudación

Aplazamiento en el pago de deudas a la Seguridad Social

Se puede realizar mediante:

•   Certificado electrónico.

•   Usuario + contraseña.

•   Cl@ve.

Se puede solicitar, a través de Registro electrónico, el aplazamiento de las cuotas o deudas contraídas con la Seguridad Social.

Certificado de estar al corriente en las obligaciones de la Seguridad Social

Se puede realizar mediante:

⇨ Certificado electrónico.

⇨ Usuario + contraseña.

⇨ Cl@ve.

⇨ Vía SMS.

Las personas jurídicas con CCC asignado, pueden consultar y obtener un certificado en el que consta la existencia o no de deudas con la Seguridad Social.

Consulta de deudas y obtención de documento de ingreso

Se puede realizar mediante:

▶ Certificado electrónico.

▶ Usuario + contraseña.

▶ Cl@ve.

▶ Vía SMS.

Se pueden consultar las deudas o liquidaciones pendientes de pago a la Seguridad Social al tiempo que se puede imprimir el documento de pago para poder realizar el ingreso.

Como novedad, el trabajador por cuenta propia podrá obtener documento de ingreso de cuotas fuera de plazo con 10% de recargo durante todo el mes siguiente a la finalización del plazo reglamentario.

Devolución de ingresos indebidos Régimen General y Asimilados

Se puede realizar mediante:

• Certificado electrónico.

• Usuario + contraseña.

• Cl@ve.

Se puede, a través del Registro electrónico, solicitar el reintegro de las cuotas ingresadas por error, tanto de manera parcial como total.

Informe de estar al corriente en las obligaciones de la Seguridad Social

Se puede realizar mediante:

⇨   Certificado electrónico.

⇨   Usuario + contraseña.

⇨   Cl@ve.

⇨   Vía SMS.

Se puede consultar e imprimir un informe sobre la existencia o no de deudas con la Seguridad Social. En caso de acceder al trámite sin certificado digital, el informe es enviado a través de correo ordinario.

Pago con tarjeta de deudas de Seguridad Social

Se puede realizar sin Certificado

Se pueden pagar a través de tarjeta bancaria de crédito o de débito todas las deudas con la Seguridad Social, con independencia de que sean en vía voluntaria fuera de plazo, en vía ejecutiva o aquellas que hayan sido objeto de reclamación de deuda.

Devolución de ingresos de regímenes y sistemas especiales

Se puede realizar mediante:

▶   Certificado electrónico.

▶   Usuario + contraseña.

▶   Cl@ve.

▶   Vía SMS.

Se puede solicitar la devolución de ingresos indebidos correspondientes al Régimen al que se encuentren adscritos y asimismo, consultar el estado del expediente al que haya dado origen su solicitud de ingresos indebidos.

Solicitud de fraccionamiento del reintegro de prestaciones indebidamente percibidas

Se puede realizar mediante:

•   Certificado electrónico.

•   Usuario + contraseña.

•   Cl@ve.

Permite realizar el reintegro a las personas con dificultades económicas, responsables del pago de una deuda contraída con la Seguridad Social por prestaciones indebidamente percibidas, que no puedan efectuarlo en el plazo indicado en la reclamación.

Solicitud de moratoria y exención por acontecimientos catastróficos

Se puede realizar mediante:

⇨ Certificado electrónico.

⇨ Usuario + contraseña.

⇨ Cl@ve.

Se puede solicitar, a través de Registro electrónico, tanto la moratoria como el diferimiento o la exención del pago de cuotas que se hayan establecido como medida paliativa de los daños y perjuicios causados por una catástrofe.

En relación con la COVID-19, el autorizado RED debe presentar a través del Sistema RED las solicitudes de moratoria y exención de cuotas de la Seguridad Social de las empresas y trabajadores autónomos que tenga asignados. No surtirán efecto las peticiones que se realicen por otro canal.

3.6. Impugnaciones

Impugnaciones ante la TGSS. Seguimiento

Se puede realizar mediante:

▶ Certificado electrónico.

▶ Usuario + contraseña.

▶ Cl@ve.

Se puede consultar los trámites de un expediente de impugnación y la documentación del mismo, excepto el documento de resolución.

Presentación de impugnaciones ante la Tesorería General de la Seguridad Social

Se puede realizar mediante:

• Certificado electrónico.

• Usuario + contraseña.

• Cl@ve.

Se pueden descargar, a través de Registro electrónico, los formularios sobre impugnaciones que se pueden interponer frente a actos dictados por la TGSS.

3.7. Confirmación de asignación de CCCs o NAFs a un autorizado RED

Confirmación de asignación de CCCs o NAFs a un autorizado RED

Se puede realizar mediante:

⇨ Certificado electrónico.

⇨ Usuario + contraseña.

⇨ Cl@ve.

⇨ Vía SMS.

Se puede confirmar la asignación de un número de cuenta de cotización o del número de afiliación a un autorizado RED.

Consulta de autorizado RED que gestiona un NAF

Se puede realizar mediante:

▶ Certificado electrónico.

▶ Usuario + contraseña.

▶ Cl@ve.

▶ Vía SMS.

Se puede consultar si el número de afiliación está asignado o no a un autorizado RED en el momento en el que se realiza la consulta.

También se puede realizar una consulta del histórico de autorizados RED a los que ha estado asignado el número de afiliación.

Consulta de autorizados RED que gestionan una empresa

Se puede realizar mediante:

• Certificado electrónico.

• Usuario + contraseña.

• Cl@ve.

Se puede consultar si los CCC están asignados o no a un autorizado RED.

También se puede realizar una consulta del histórico de autorizados RED a los que ha estado asignado dicho CCC.

Rescisión de CCCs y NAFs asignados a un autorizado RED

Se puede realizar mediante:

⇨ Certificado electrónico.

⇨ Usuario + contraseña.

⇨ Cl@ve.

⇨ Vía SMS.

Se puede rescindir la autorización de los CCCs a un autorizado RED.

También se puede rescindir la autorización de los NAFs, tanto de los empresarios como de los ciudadanos, a un autorizado RED.

Autorización para el uso del Sistema RED

Se puede realizar mediante:

▶ Certificado electrónico.

▶ Usuario + contraseña.

▶ Cl@ve.

Se puede cubrir y presentar, a través del Registro electrónico, la solicitud de autorización para cualquiera de sus modalidades de transmisión (RED Internet, RED Directo y Sistema de Liquidación Directa).

3.8. Prestaciones

Comunicación de defunción de perceptor de prestación

Se puede realizar mediante:

• Certificado electrónico.

• Usuario + contraseña.

• Cl@ve.

Se puede solicitar, a través de Registro electrónico, el fallecimiento de un beneficiario de una prestación de la Seguridad Social.

Jubilación nacional (como representante)

Se puede realizar mediante:

⇨ Certificado electrónico.

⇨ Usuario + contraseña.

⇨ Cl@ve.

A través de Registro electrónico, se puede solicitar la pensión de jubilación en representación de un tercero.

Muerte y supervivencia nacional (como representante)

Se puede realizar mediante:

▶ Certificado electrónico.

▶ Usuario + contraseña.

▶ Cl@ve.

A través de Registro electrónico, se puede solicitar las prestaciones derivadas de fallecimiento (tanto la viudedad, como la orfandad o el auxilio por defunción en representación de terceros).

Nacimiento y Cuidado de Menor (como representante)

Se puede realizar mediante:

• Certificado electrónico.

• Usuario + contraseña.

• Cl@ve.

A través de Registro electrónico, se puede solicitar la prestación por nacimiento y cuidado de menor de cara al disfrute del período de descanso laboral que corresponda. Ya sea por nacimiento, adopción, guarda con fines de adopción o acogimiento permanente o temporal superior al año.

Presentación de otros escritos, solicitudes y comunicaciones (Instituto Nacional de la Seguridad Social)

Se puede realizar mediante:

⇨ Certificado electrónico.

⇨ Usuario + contraseña.

⇨ Cl@ve.

⇨ Sin certificado.

A través de Registro electrónico, se puede presentar (en nombre propio o de terceros) solicitudes, comunicaciones y escritos dirigidas a la Seguridad Social, siempre que estos no estén contemplados en un servicio específico de la Sede Electrónica.

Solicitud de Certificado Provisional Sustitutorio (CPSS) (como representante)

Se puede realizar mediante:

▶ Certificado electrónico.

▶ Usuario + contraseña.

▶ Cl@ve.

Se puede, a través de Registro electrónico, solicitar la emisión del Certificado Provisional Sustitutorio (CPS) de la Tarjeta Sanitaria Europea (TSE), bien sea para el titular de la misma o para sus beneficiarios.

Solicitud de certificado de prestaciones (como representante)

Se puede realizar mediante:

• Certificado electrónico.

• Usuario + contraseña.

• Cl@ve.

Se puede, a través de Registro electrónico y en nombre de un tercero, solicitar un certificado en relación con las prestaciones percibidas de la Seguridad Social o, en su caso, de no percibir pensión alguna de la Seguridad Social.

¿Cómo va mi prestación? (como representante)

Se puede realizar mediante:

⇨   Certificado electrónico.

⇨   Usuario + contraseña.

⇨   Cl@ve.

⇨   Vía SMS.

Se puede consultar en qué situación está el trámite de presentación solicitada en nombre de un tercero, así como hacer un seguimiento del punto del proceso en que está, desde que se presenta hasta que se firma la resolución.

3.9. Otros procedimientos

Consulta de solicitudes de la Tesorería General de la Seguridad Social presentadas por Registro electrónico

Se puede realizar mediante:

⇨   Certificado electrónico.

⇨   Usuario + contraseña.

⇨   Cl@ve.

Se pueden consultar aquellas solicitudes de la Tesorería General de la Seguridad Social que hayan sido presentadas a través de Registro electrónico.

Estadísticas de afiliación

Se puede realizar sin certificado.

Se pueden consultar datos estadísticos acerca de afiliados y empresas en alta laboral a través de la Herramienta Px-Web.

Perfil de contratante

Se puede realizar sin certificado.

Se puede acceder dentro de la Plataforma de Contratación del Sector Público al perfil de contratante de los órganos de contratación de la Seguridad Social.

Presentación de otros escritos, solicitudes y comunicaciones (Tesorería General de la Seguridad Social)

Se puede realizar mediante:

▶ Certificado electrónico.

▶ Usuario + contraseña.

▶ Cl@ve.

▶ Algunos se podrán hacer sin certificado.

Se puede, a través de Registro electrónico, presentar en nombre propio o de terceros todos aquellos escritos, solicitudes y comunicaciones que no estén contemplados en un servicio específico de la Sede y sean dirigidos a la Tesorería General de la Seguridad Social.

Ingreso Mínimo Vital

Se puede realizar mediante:

• Certificado electrónico.

• Usuario + contraseña.

• Cl@ve.

A través de este servicio se puede solicitar, por Registro electrónico, la prestación de Ingreso Mínimo Vital, que se configura como el derecho a una prestación de naturaleza económica dirigida a prevenir el riesgo de pobreza y exclusión social de las personas que viven solas o están integradas en una unidad de convivencia que carezcan de los recursos económicos suficientes para la cobertura de sus necesidades básica.

Se debe tener en cuenta que, si se trata de personas con residencia en el País Vasco, solo se pueden presentar a través del servicio sin certificado digital.

Ingreso Mínimo Vital. Sin certificado

A través de este servicio se puede solicitar la prestación de Ingreso Mínimo Vital, que se configura como el derecho a una prestación de naturaleza económica dirigida a prevenir el riesgo de pobreza y exclusión social de las personas que viven solas o están integradas en una unidad de convivencia que carezcan de los recursos económicos suficientes para la cobertura de sus necesidades básicas.

Seguro Escolar – Presentación de la Relación de Alumnos

Se puede realizar mediante certificado electrónico.

Los centros educativos pueden cumplir con la obligación legal de presentar una relación nominal de alumnos incluidos en la acción protectora del seguro en el mes siguiente a la fecha de cierre de matrícula. Relación en la que constará en cualquier caso nombre y apellidos de cada alumno con sus correspondientes números de documento nacional de identidad y de la Seguridad Social.

Servicio estadístico EEPP

Se puede realizar sin certificado.

Se pueden consultar y obtener las estadísticas acerca de enfermedades profesionales de los trabajadores.

Solicitud de trabajadores desplazados. TA.300

Se puede realizar mediante:

- Certificado electrónico.

- Usuario + contraseña.

- Cl@ve.

La empresa o el trabajador por cuenta ajena o propia puede, a través de Registro electrónico, cubrir el formulario necesario para los desplazamientos temporales a países en los que existe norma internacional de Seguridad Social.

Verificación de documentos e informes mediante huella

Se puede realizar mediante certificado electrónico.

Se puede verificar la autenticidad de los certificados e informes que hayan sido emitidos por la Tesorería General de la Seguridad Social con HUELLA.

3.10. CEPROSS

 Dependiendo del perfil de usuario, se puede transmitir y obtener información sobre enfermedades profesionales.

Alta de partes

Se puede realizar mediante certificado electrónico.

Se puede comunicar el alta inicial de expedientes de enfermedad profesional.

Alta de Partes EP-Supuestos Especiales

Se puede realizar mediante certificado electrónico.

Se puede comunicar el alta inicial de expedientes de enfermedad profesional en Supuestos Especiales.

Modificación y consulta de partes

Se puede realizar mediante certificado electrónico.

Se pueden modificar y consultar los datos de los expedientes de enfermedad profesional.

Calificación de partes

Se puede realizar mediante certificado electrónico.

Se puede calificar la enfermedad como profesional.

Cierre de parte

Se puede realizar mediante certificado electrónico.

Se pueden introducir los datos de cierre de los expedientes de una enfermedad profesional.

Completar parte

Se puede realizar mediante certificado electrónico.

Se pueden completar aquellos datos de los expedientes de enfermedad profesional no comunicados en el alta inicial.

Listados de partes de enfermedad profesional

Se puede realizar mediante certificado electrónico.

Se puede acceder a los listados de enfermedades profesionales, ya sea mediante la selección de partes de empresa o mediante la selección de partes cerrados.

Consulta de listados de partes de enfermedad profesional

Se puede realizar mediante certificado electrónico.

Se pueden realizar consultas masivas de listados de partes de enfermedad profesional.

Verificación de la información

Se puede realizar mediante certificado electrónico.

Se pueden comprobar las incongruencias que existan en las informaciones de los expedientes de enfermedad profesional.

Sistema de alertas

Se puede realizar mediante certificado electrónico.

Se pueden consultar las empresas que han superado los límites de siniestrabilidad por rangos de fechas y ámbitos geográficos acotados.

Servicio estadístico EEPP

Se puede realizar sin certificado.

Se pueden consultar y obtener datos y estadísticas sobre las enfermedades profesionales que han sufrido trabajadores afiliados.

3.11. PANOTRATSS

 Dependiendo del perfil de usuario se puede transmitir y obtener información sobre patologías no traumáticas causadas por el trabajo.

Alta de partes

Se puede realizar mediante certificado electrónico.

Se puede comunicar el alta inicial de expedientes de patología no traumática.

Alta de Partes PA-Supuestos Especiales

Se puede realizar mediante certificado electrónico.

Se puede comunicar el alta inicial de expedientes de patología no traumática.

Completar parte

Se puede realizar mediante certificado electrónico.

Se pueden completar aquellos datos de expedientes de patología no traumática dados de alta.

Cierre parte

Se puede realizar mediante certificado electrónico.

Se puede cubrir los datos de cierre de los expedientes de patologías no traumáticas en supuestos especiales.

Modificación de partes

Se puede realizar mediante certificado electrónico.

Se pueden modificar los datos no cubiertos o de nuevo conocimiento de los expedientes de patologías no traumáticas.

Calificación de partes

Se puede realizar mediante certificado electrónico.

Se puede realizar la calificación de la patología no traumática.

Consulta de partes

Se puede realizar mediante certificado electrónico.

Se puede acceder a la información de los expedientes de patologías no traumáticas.

Listados de Parte de Patologías

Se puede realizar mediante certificado electrónico.

Se puede acceder a los listados de partes de patologías no traumáticas, ya sea mediante la selección de partes de empresa o mediante la selección de partes cerrados.

Consulta de listados de partes PA

Se puede realizar mediante certificado electrónico.

Se pueden realizar consultas masivas de listados de partes de patologías no traumáticas.

4. Acceso a las administraciones y Mutas colaborativas

4.1. Introducción

Tanto las Administraciones como las Mutuas podrán acceder a la Sede y realizar trámites durante las 24 horas del día y los 365 días del año.

> No obstante, es importante tener en cuenta los plazos que cada trámite puede tener y que las actuaciones realizadas en días inhábiles que tendrán efecto como realizadas el primer día hábil posterior a su realización.
>
> También habrá que tener en cuenta que, aunque el acceso es durante las 24 horas del día, podemos encontrarnos con franjas horarias en las que no esté disponible debido a tareas de mantenimiento técnico.

En el apartado de Administraciones y Mutuas nos encontramos con diez apartados en los que se agrupan los diferentes trámites y gestiones que se pueden realizar:

1. Cesión de Datos e Informes.

2. Otros procedimientos.

3. PREMI@ss. Administración Mutua.

4. PREMI@ss. Firma Mutua.

5. TRACI@ss. Administración Mutua.

6. TRACI@ss. Administración Entidades.

7. TRACI@ss. Firma Mutua.

8. TRACI@ss. Firma Entidades.

9. TRACI@ss. Subdirección General Control Financiero.

10. TRACI@ss. Subdirección General Contabilidad.

4.2. Cesión de datos e informes

Informes entidades acogidas al sistema simplificado de liquidación y pago de cuotas

Se puede realizar mediante certificado electrónico.

Las Administraciones y Organismos Públicos, siempre que se hayan acogido al sistema simplificado de liquidación y pago de cuotas, pueden descargar ficheros de texto, conteniendo los informes de "recaudación" y de "regularización" correspondientes a cada recaudación mensual. Dichos ficheros se podrán descargar una única vez.

Este servicio dejó de estar disponible a partir del 2 de noviembre de 2021, pero se puede acceder a través de los siguientes servicios que se dividen en dos:

1. Cesión de datos para las Administraciones Públicas:

    a) Envío de ficheros.

    b) Recepción de ficheros.

    c) Consulta de estado de ficheros.

2. Entidades acogidas a la Modalidad de Pago a Cuenta:

    a) Recepción de ficheros.

    b) Consulta de estado de ficheros.

Cesión de datos para las Administraciones Públicas por fichero

Se puede realizar mediante certificado electrónico.

Este servicio nos permite la cesión de determinada información necesaria para el ejercicio de sus funciones, por parte de la TGSS o del INSS, a otras Administraciones y Organismos Públicos, efectuando la solicitud mediante un fichero de texto y obteniendo una respuesta en un fichero del mismo tipo.

Este servicio dejará de estar disponible a partir del 2 de noviembre de 2021. Podrá seguirse accediendo a estos servicios a través de los siguientes:

1. Envío de ficheros.

2. Recepción de ficheros.

3. Consulta de estado de ficheros.

Cesión de datos para las Administraciones Públicas online

Se puede realizar mediante certificado electrónico, usuario + contraseña (Cl@ve permanente) y Cl@ve.

Este servicio nos permite la cesión de determinada información necesaria para el ejercicio de sus funciones, por parte de la TGSS a otras Administraciones y Organismos Públicos, mediante el cumplimiento de un formulario en pantalla del que se obtiene respuesta con un documento en un fichero tipo "pdf".

Solicitud de autorización/alta-baja de usuarios/variación de datos a los Servicios de Cesión de Datos para Administraciones Públicas

Se puede realizar mediante certificado electrónico.

Permite presentar, por Registro electrónico, la solicitud de autorización de un Organismo o Administración Pública y/o la solicitud de alta, baja de usuarios y variaciones de datos de un Organismo o Administración Pública en los servicios de Cesión de Datos para Administraciones Públicas que sean competencia de la Tesorería General de la Seguridad Social.

4.3. Otros procedimientos

Centros Públicos de Salud

Se puede realizar mediante certificado electrónico.

Nos permite introducir las facturas emitidas por la atención médica prestada a asegurados de otros estados.

Modificaciones presupuestarias de la Seguridad Social. Aplicación e-MOPRES

Se puede realizar mediante certificado electrónico.

A través de este servicio se pueden gestionar las solicitudes de modificación presupuestaria de la Seguridad Social por vía telemática, utilizando certificados digitales y firma electrónica en cada uno de los movimientos.

4.4. PREMI@ss. Administración Mutua

Se pueden realizar los trámites de este apartado mediante certificado electrónico.

Premi@ss. Administración Mutua. Preparar alegaciones

En este apartado, las Mutuas colaboradoras con la Seguridad Social pueden preparar las alegaciones a efectuar sobre los informes de auditoría de cumplimiento, adicionales a los de auditoría de cuentas anuales, que realiza la Intervención General de la Seguridad Social.

Premi@ss. Administración Mutua. Consulta

También pueden consultar el estado de dichas alegaciones.

4.5. PREMI@ss. Firma Mutua

Los trámites de este apartado solo se pueden realizar mediante certificado electrónico.

Premi@ss. Firma Mutua. Descarga del informe definitivo

Este apartado permite a las Mutuas colaboradoras con la Seguridad Social la recepción de los informes derivados de las auditorías de cumplimiento, adicionales a los de auditoría de cuentas anuales, que realiza la Intervención General de la Seguridad Social.

Premi@ss. Firma Mutua. Presentar solicitud de ampliación de plazo

Permite solicitar la ampliación del plazo de presentación de las alegaciones a efectuar sobre los informes de auditoría de cumplimiento, adicionales a los de auditoría de cuentas anuales, que realiza la Intervención General de la Seguridad Social.

Premi@ss. Descarga de respuesta a la solicitud de ampliación de plazo

Permite recoger la respuesta a la solicitud de ampliación de plazo.

Premi@ss. Firma Mutua. Presentar alegaciones

Permite presentar el documento de alegaciones a efectuar sobre los informes de auditoría de cumplimiento, adicionales a los de auditoría de cuentas anuales, que realiza la Intervención General de la Seguridad Social.

Premi@ss. Firma Mutua. Descarga del informe provisional

Permite recibir los informes provisionales derivados de las auditorías de cumplimiento, adicionales a los de auditoría de cuentas anuales, que realiza la Intervención General de la Seguridad Social.

Premi@ss. Firma Mutua. Consulta

Permite conocer el estado del procedimiento de alegaciones derivado de las auditorías de cumplimiento, adicionales a los de auditoría de cuentas anuales, que realiza la Intervención General de la Seguridad Social.

4.6.   TRACI@ss. Administración Mutua

Los trámites de este apartado solo se pueden realizar mediante certificado electrónico.

Aquí se muestran los servicios que permiten presentar las cuentas anuales de las Mutuas colaboradoras con la Seguridad Social.

Descarga conjunto Plantillas

Permite la descarga de las plantillas a cumplimentar para la rendición de las cuentas anuales.

Traspaso a TRACI@ss de las Cuentas Anuales

Permite el traspaso a Traci@ss de las plantillas para la rendición de las cuentas anuales.

Cancelar Cuentas Anuales

Permite cancelar el proceso de la rendición de las cuentas anuales tras el traspaso a Traci@ss de las cuentas.

Consulta Cuentas Anuales

Permite conocer el estado del procedimiento de rendición de las cuentas anuales.

Consulta errores de TRACI@ss

Muestra los errores que se producen en el traspaso a Traci@ss de las cuentas anuales.

Borrado de Cuentas Anuales

Permite el borrado de las cuentas anuales traspasadas a Traci@ss en el proceso de rendición de las cuentas anuales.

Comprobación Huella Electrónica

Permite la comprobación de la huella electrónica de un fichero.

Revisión Cuentas Presentadas

Permite la revisión de las cuentas anuales presentadas.

Presentación Cuentas Anuales a la Junta General

Permite cumplimentar este paso en el procedimiento para la rendición de las cuentas anuales.

Impresión/Descarga Cuentas Anuales

Permite la impresión y descarga de las cuentas anuales.

Recuperar fichero Cuentas Anuales

Permite la recuperación de las plantillas que forman parte de las cuentas anuales.

Informe Comparativo de Reformulaciones

Permite obtener un informe con los cambios habidos en las distintas formulaciones de cuentas realizadas.

Subsanación de errores. Subida múltiple de plantillas rectificadas

Permite la subida de las plantillas con errores de naturaleza contable corregidas para su remisión al Tribunal de Cuentas.

4.7. TRACI@ss. Administración Entidades

Los trámites de este apartado solo se pueden realizar mediante certificado electrónico.

Aquí se presentan los servicios que permiten presentar las cuentas anuales de las entidades gestoras y servicios comunes de la Seguridad Social.

Descarga conjunto plantillas

Permite la descarga de las plantillas a cumplimentar para la rendición de las cuentas anuales.

Traspaso a TRACI@ss de las Cuentas Anuales

Permite el traspaso a Traci@ss de las plantillas para la rendición de las cuentas anuales.

Cancelar Cuentas Anuales

Permite la cancelación de las cuentas traspasadas a Traci@ss.

Consulta Cuentas Anuales

Permite conocer el estado del procedimiento de rendición de las cuentas anuales.

Consulta errores de TRACI@ss

Muestra los errores que se producen en el traspaso a Traci@ss de las cuentas anuales.

Comprobación Huella Electrónica

Permite la comprobación de la huella electrónica de un fichero.

Impresión/Descarga Cuentas Anuales

Permite la impresión y descarga de las cuentas anuales.

Recuperar fichero Cuentas Anuales

Permite la descarga de las plantillas que forman parte de las cuentas anuales.

Subsanación de errores. Subida múltiple de plantillas rectificadas

Permite la subida de las plantillas con errores de naturaleza contable corregidas para su remisión al Tribunal de Cuentas.

4.8. TRACI@ss. Firma Mutua

Los trámites de este apartado solo se pueden realizar mediante certificado electrónico.

En este apartado están los servicios que permiten, siguiendo el protocolo establecido, la formulación y aprobación de las cuentas anuales de las Mutuas colaboradoras con la Seguridad Social.

Consulta Cuentas Anuales

Permite conocer el estado del procedimiento de rendición de las cuentas anuales.

Comprobación Huella Electrónica

Permite la comprobación de la huella electrónica de un fichero.

Formulación Cuentas Anuales

Permite la formulación de las cuentas anuales a los directores gerentes y presidentes de las Mutuas colaboradoras con la Seguridad Social.

Presentación Alegaciones

Permite la presentación de alegaciones a los informes emitidos por los equipos de auditoría.

Aprobación Cuentas Anuales

Permite la aprobación de las cuentas anuales a los presidentes de las Mutuas colaboradoras con la Seguridad Social.

Impresión/Descarga Cuentas Anuales

Permite la impresión y descarga de las cuentas anuales.

Recuperar fichero Cuentas Anuales

Permite la recuperación de las plantillas que forman parte de las cuentas anuales.

Informe Comparativo de Reformulaciones

Permite obtener un informe con los cambios habidos en las distintas formulaciones de cuentas realizadas.

Firma diligencia de subsanación errores de naturaleza contable

Permite la firma electrónica de la diligencia de subsanación de errores de naturaleza contable.

4.9. TRACl@ss. Firma Entidades

Los trámites de este apartado solo se pueden realizar mediante certificado electrónico.

En este apartado están los servicios que permiten, siguiendo el protocolo establecido, la aprobación de las cuentas anuales de las Entidades gestoras y servicios comunes de la Seguridad Social.

Consulta Cuentas Anuales

Permite conocer el estado del procedimiento de rendición de las cuentas anuales.

Comprobación Huella Electrónica

Permite la comprobación de la huella electrónica de un fichero.

Aprobación Cuentas Anuales

Permite la aprobación de las cuentas anuales a los órganos competentes de las entidades gestoras y servicios comunes de la Seguridad Social.

Impresión/Descarga Cuentas Anuales

Permite la impresión y descarga de las cuentas anuales.

Recuperar fichero Cuentas Anuales

Permite la recuperación de las plantillas que forman parte de las cuentas anuales.

Firma diligencia de subsanación de errores de naturaleza contable

Con este servicio se permite la firma electrónica de la diligencia de subsanación de errores de naturaleza contable.

4.10. TRACl@ss. Subdirección general control financiero

Los trámites de este apartado solo se pueden realizar mediante certificado electrónico.

Aquí encontramos los servicios que permiten presentar los informes derivados de las auditorías realizadas sobre las cuentas anuales de las Mutuas colaboradoras con la Seguridad Social.

Consulta Cuentas Anuales

Permite conocer el estado del procedimiento de rendición de las cuentas anuales.

Consulta Global Cuentas Anuales

Permite conocer el estado del procedimiento de rendición de las cuentas anuales.

Comprobación Huella Electrónica

Permite la comprobación de la huella electrónica de un fichero.

Subida y Firma Informe Provisional e Informe Definitivo

Permite firmar los informes de auditoría.

Impresión/Descarga Cuentas Anuales

Permite la impresión y descarga de las cuentas anuales.

Recuperar fichero Cuentas Anuales

Permite la recuperación de las plantillas que forman parte de las cuentas anuales.

Informe Comparativo de Reformulaciones

Permite obtener un informe con los cambios habidos en las distintas formulaciones de cuentas realizadas.

4.11. TRACI@ss. Subdirección general contabilidad

Los trámites de este apartado solo se pueden realizar mediante certificado electrónico.

Aquí encontramos los servicios que permiten realizar los procesos de revisión y aceptación de las cuentas anuales presentadas por las entidades del Sistema de Seguridad Social.

Consulta de Plantillas

Permite la consulta individualizada de las plantillas que forman parte de las cuentas anuales.

Consulta Cuentas Anuales

Permite conocer el estado del procedimiento de rendición de las cuentas anuales.

Consulta Global Cuentas Anuales

Permite conocer el estado del procedimiento de rendición de las cuentas anuales.

Comprobación Huella Electrónica

Permite la comprobación de la huella electrónica de un fichero.

Revisión Cuentas Anuales Presentadas

Permite la supervisión de las cuentas anuales presentadas por las entidades.

Revisión Cuentas Anuales Aprobadas

Permite la revisión de las cuentas anuales aprobadas por todas las entidades del Sistema de la Seguridad Social.

Impresión/Descarga Cuentas Anuales

Permite la impresión y descarga de las cuentas anuales.

Recuperar fichero Cuentas Anuales

Permite la recuperación de las plantillas que forman parte de las cuentas anuales.

Informe Comparativo de Reformulaciones

Permite obtener un informe con los cambios habidos en las distintas formulaciones de cuentas realizadas.

Certificado Digital es una herramienta que permite garantizar técnica y legalmente la identidad de una persona en Internet, y que consiste en un conjunto de datos que se incorporan al navegador del usuario.

El organismo que se dedica a la creación y gestión de los Certificados Digitales en España es **Ceres**.

Tipos de certificados:

⇨ **Certificado de persona física**: identifica a una persona individual.

⇨ **Certificado de representante de persona jurídica**: se expide a las personas físicas como representantes de las personas jurídicas.

⇨ **Certificado de representante entidad sin personalidad jurídica**: se expide a las personas físicas como representantes de las entidades sin personalidad jurídica en el ámbito tributario y otros previstos en la legislación vigente.

⇨ **Certificados AP** (Administración Pública).

Pasos para la obtención de un certificado digital:

▶ Obtener el código de solicitud desde a la web de la Fábrica Nacional de Moneda y Timbre.

▶ Registrar la solicitud en una oficina presentando nuestro DNI o NIE, así como el "Código de Solicitud".

▶ Descargar nuestro Certificado de Usuario desde la web de la Fábrica Nacional de Moneda y Timbre.

Sistema RED es una plataforma donde las empresas, agrupaciones de empresas y profesionales se comunican con la Tesorería General de la Seguridad Social e interactúan para el intercambio documentación e información en Internet.

UNIDAD DIDÁCTICA **2**

Catálogo de servicios
de Sede Electrónica

Contenido & Objetivos

Introducción

1. Servicios personales sin certificado digital

2. Servicios personales con certificado digital

3. Servicios a empresas y entidades con certificado digital

4. Trámites más habituales

Resumen

Los **objetivos** de esta unidad son:

1. Identificar los distintos trámites accesibles a través de Internet.

2. Identificar a quiénes están dirigidos los diferentes trámites.

3. Identificar qué trámites exigen certificado digital y cuáles no lo requieren.

4. Alcanzar el conocimiento básico para acceder a tramitar las gestiones que ofrece la Seguridad Social.

Introducción

A lo largo de esta unidad de aprendizaje conoceremos los diferentes trámites que podemos realizar a través de Internet. Pudiendo discriminar entre aquellos en los que es necesario el acceso con certificado electrónico y aquellos en los que no se requiere.

De igual manera interesa conocer los trámites que pueden hacer los distintos actores: ciudadanos, empresas o entidades colaboradoras y Administraciones, así como sus diferentes subdivisiones.

1. Servicios personales sin certificado digital

Una oficina virtual es un espacio no físico, ubicado en Internet, en el que podemos realizar tareas profesionales, legales y administrativas. Es decir, lo mismo que podríamos realizar en una oficina física.

La oficina virtual de la Seguridad Social se divide en dos partes:

⇨ **El portal de la Seguridad Social**

El portal de Internet de la Seguridad Social es un sitio web en el que se pueden realizar distintas gestiones y tareas y no requiere un nivel de seguridad específico. Sería una oficina de la Administración donde podemos conocer y relacionarnos con ella porque presenta contenidos informativos, campañas e, incluso, algunos trámites.

Aquí nos encontramos con una división en cinco desplegables:

▶ **Trámites para trabajadores**

⇨ **Afiliación**: información y modelos de solicitudes.

⇨ **Cotización/Recaudación de trabajadores**: información y modelos de solicitudes.

⇨ **Prestación/Pensiones de trabajadores**: información y modelos de solicitudes.

Dentro de este ítem encontramos **Asistencia sanitaria** y, a su vez, dentro de este **Desplazamientos por Europa,** donde podemos solicitar sin Certificado tanto la Tarjeta sanitaria europea (TSE) y el Certificado provisional sustitutorio (CPS).

⇨ **Trabajadores del Mar**: información y modelos de solicitudes.

▶ **Trámites para pensionistas**

- **Pensiones**: información y modelos de solicitudes.

- **Gestión/Pago**: información y modelos de solicitudes.

- **Revalorización**: información y modelos de solicitudes.

- **Derechos**: información y modelos de solicitudes.

  Dentro de este ítem nos encontramos **Derechos** y, a su vez, dentro de este **Asistencia sanitaria,** y a su vez dentro de este **Desplazamientos por Europa**, donde nos va a permitir solicitar sin Certificado tanto la Tarjeta sanitaria europea (TSE) como el Certificado provisional sustitutorio (CPS).

- **Acreditación de vivencia**.

- **Obligaciones**: información y modelos de solicitudes.

- **Servicios**: información y modelos de solicitudes.

▶ **Trámites para empresarios**

- **Inscripción**: información y modelos de solicitudes.

- **Cotización/Recaudación de empresarios**: información y modelos de solicitudes.

- **Información para empresas sobre prestaciones**: información y modelos de solicitudes.

- **Información a acreedores**: información y modelos de solicitudes.

⇨ **La sede electrónica**

La sede electrónica es un concepto regulado legalmente y que entendemos como un punto de acceso seguro donde los usuarios pueden acceder a los trámites y la información que permite la misma, garantizando la integridad y veracidad de la información y de la documentación durante los 365 días del año y las 24 horas del día. Tal y como señala la Ley 39/2015, de 1 de octubre, del Procedimiento Administrativo Común de las Administraciones Públicas.

En la sede electrónica nos encontramos con una división diferente en tan solo tres desplegables y, dentro de los mismos, nos encontraremos con:

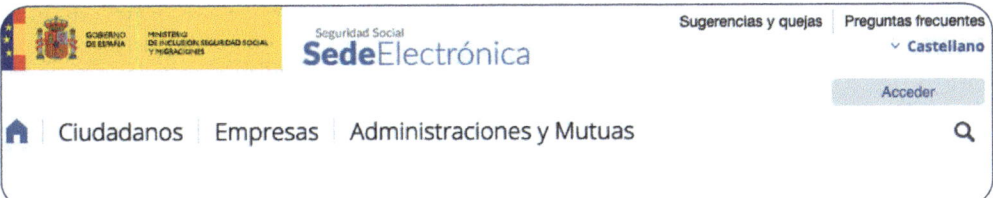

⇨ **Ciudadanos**

▶ Informes y certificados

- Asistencia sanitaria. Consulta del derecho y emisión del documento acreditativo (sin certificado).

- Informe de estar al corriente de las obligaciones en la Seguridad Social por correo postal.

- Solicitud SIN certificado de trámites de prestaciones de la Seguridad Social (Instituto Nacional de la Seguridad Social).

▶ **Variación de datos**

Solicitud SIN certificado de trámites de prestaciones de la Seguridad Social (Instituto Nacional de la Seguridad Social).

▶ **Pensiones**

- eSTADISS: estadísticas de pensiones.

- Solicitud de asignación de coeficientes reductores de la edad de jubilación por trabajos realizados en empresas mineras con actividad (por formulario).

- Solicitud de asignación de coeficientes reductores de la edad de jubilación por trabajos realizados en empresas mineras sin actividad (por formulario).

- Solicitud SIN certificado de trámites de prestaciones de la Seguridad Social (Instituto Nacional de la Seguridad Social).

eSTADISS es una aplicación informática que permite que el ciudadano elabore informes personalizados a sus necesidades con los datos de las estadísticas de pensiones del Sistema de Seguridad Social.

▶ **Incapacidad**

- Declaración personal de hijos a cargo del solicitante de la prestación de incapacidad temporal.

- Gestión de la prestación de incapacidad temporal.

- Presentación de informes médicos.

- Prestación de incapacidad permanente nacional.

- Prestación de incapacidad permanente. Reglamentos Comunitarios y Convenios Bilaterales.

- Prestación por incapacidad temporal (pago directo).

- Solicitud de incremento de incapacidad permanente total con 55 años.

- Solicitud de revisión de la incapacidad permanente.

- Solicitud SIN certificado de trámites de prestaciones de la Seguridad Social (Instituto Nacional de la Seguridad Social).

- ¿Cómo va mi prestación? (Otros accesos).

▶ **Familia**

- Ingreso Mínimo Vital. Sin certificado.

- Solicitud SIN certificado de trámites de prestaciones de la Seguridad Social (Instituto Nacional de la Seguridad Social).

▶ **Asistencia sanitaria**

- Asistencia sanitaria: consulta del derecho y emisión del documento acreditativo (sin certificado).

- Solicitud SIN certificado de trámites de prestaciones de la Seguridad Social (Instituto Nacional de la Seguridad Social).

- Solicitud Tarjeta Sanitaria Europea (TSE) (envío al domicilio registrado en Afiliación).

▶ **Afiliación, inscripción y modificaciones**

- Estadísticas de Afiliación.

▶ **Cotización**

▶ **Recaudación**

- Informe de estar al corriente de las obligaciones en la Seguridad Social por correo postal.

- Pago por deudas con tarjeta.

▶ **Régimen especial del Mar**

- Cita previa para Reconocimiento Médico de Embarque Marítimo. Sin certificado.

- Presentación de otros escritos, solicitudes y comunicaciones (Instituto Social de la Marina). Sin certificado.

- Tarjeta Sanitaria Europea (TSE) (REM). Sin certificado.

▶ **Estadísticas**

▶ **Impugnaciones**

- Presentación de impugnaciones ante la Tesorería General de la Seguridad Social.

- Impugnaciones ante la TGSS. Seguimiento.

▶ **Otros procedimientos**

- Autocálculo de convenios especiales.

- Consulta el estado de un informe solicitado.

- Estadísticas de Afiliación.

- eSTADISS: estadísticas de pensiones.

- Ingreso Mínimo Vital. Sin certificado.

- Perfil del contratante.

- Presentación de escritos, solicitudes y comunicaciones (Tesorería General de la Seguridad Social). Sin certificado.

- Reclamaciones a Mutuas colaboradoras con la Seguridad Social.

- Servicio Estadístico EEPP.

- Solicitud SIN certificado de trámites e prestaciones de la Seguridad Social (Instituto Nacional de la Seguridad Social).

▶ **Cita previa**

- Solicitud sin certificado de trámites de prestaciones de la Seguridad Social (Instituto Nacional de la Seguridad Social).

- Obtener cita previa para pensiones y otras prestaciones (INSS).

- Obtener cita previa para pensiones y otras prestaciones (INSS). Sin certificado.

- Obtener cita previa para trabajadores del Mar (Instituto Social de la Marina). Sin certificado.

- Consultar/eliminar cita previa.

- Consultar/eliminar citas previas. Sin certificado.

C.C.C.s (Código Cuenta Cotización): es un código de 11 dígitos que identifica al empresario en sus obligaciones ante la Seguridad Social. También es conocido como Número de Patronal o Número de Inscripción a la Seguridad Social de la empresa. Es similar al Número de afiliación de los trabajadores pero para las empresas.

NAFs (Número de Afiliación de las Personas Físicas): es un código de 12 dígitos que identifica a una persona física como asegurado por la Seguridad Social.

⇨ **Empresas**

▶ **Informes y certificados**

Informe de estar al corriente en las obligaciones de la Seguridad Social por correo postal.

▶ **Afiliación, inscripción y modificaciones**

▶ **Recaudación**

- Informe de estar al corriente en las obligaciones de la Seguridad Social por correo postal.

- Pago con tarjeta de deudas de Seguridad Social.

▶ **Impugnaciones, RED, Prestaciones**

▶ **Otros procedimientos**

- Estadísticas de afiliación.

- Perfil de contratante.

- Servicio estadístico de EEPP.

- Presentación de otros escritos, solicitudes y comunicaciones (Tesorería General de la Seguridad Social). Sin certificado.

▶ **CEPROSS**

Servicio estadístico de EEPP.

▶ **Administraciones y Mutuas**. No existe ningún trámite que puedan realizar sin certificado.

2. Servicios personales con certificado digital

⇨ **Informes certificados**

- Acreditación actividad agraria por cuenta propia.

- Acreditación de no tener Número de la Seguridad Social.

- Acreditación de no estar inscrito como empresario.

- Acreditación del Número de la Seguridad Social.

- Asistencia sanitaria. Consulta del derecho y Alta de beneficiarios.

- Certificado individualizado de prestaciones.

- Certificado integral de prestaciones.

- Certificado de estar al corriente de las obligaciones en la Seguridad Social.

- Certificado de no pensionista (Tu Seguridad Social).

- Certificado de no pensionista (Otros accesos).

- Certificado de retenciones e ingresos a cuenta del IRPF.

- Certificado de revalorización de pensiones.

- Informe de cuotas ingresadas.

- Informe de datos de cotización de trabajo autónomo.

- Informe de datos de cotización RETM.

- Informe de estar al corriente de las obligaciones en la Seguridad Social.

- Informe de situación de empresario individual.

- Informe de situación en la Seguridad Social a una fecha concreta.

- Informe de situación actual del trabajador.

- Informe de tus datos personales y de domicilio.

- Justificante de jornadas reales trabajadas.

- Resolución (duplicado) de alta/baja en el Régimen Especial del Mar por cuenta propia.

- Simulador de Jubilación.

- Simulador de jubilación por autorizado.

- Solicitud de certificado de prestaciones (como representante).

⇨ **Variación de datos**

- Cambio de domicilio de trabajador/empresa.

- Cambio de domicilio para perceptor de prestaciones (pensionistas).

- Cambio y comunicación de teléfono y correo electrónico.

- Comunicación de datos a efectos de IRPF.

- Comunicación de datos del cónyuge de pensionistas.

- Comunicación de defunción de perceptor de prestación.

- Comunicación inicio/fin de la actividad laboral de pensionistas.

- Declaración de ingresos a efectos del complemento por mínimos.

- Declaración de ingresos de pensionistas de orfandad y en favor de familiares.

- Declaración personal de hijos a cargo del solicitante de la prestación de incapacidad temporal.

- Modificación de datos bancarios (del pensionista).

- Presentación de otros escritos, solicitudes y comunicaciones (Instituto Nacional de la Seguridad Social).

- Solicitud de corrección de datos identificativos del pensionista o de su representante legal.

- Solicitud de incremento de incapacidad permanente total con 55 años.

- Solicitud de incremento del porcentaje de viudedad (Declaración de ingresos).

- Solicitud de incremento o finalización de aplicación del tipo voluntario a efectos de las retenciones de IRPF.

- Solicitud de mantenimiento de la pensión de viudedad por nuevo matrimonio.

- Solicitud de mínimos por cargas familiares y declaración de ingresos.

- Solicitud de prestaciones devengadas y no percibidas por fallecimiento.

- Solicitud de rehabilitación de prestación.

- Solicitud de revisión de la incapacidad permanente.

- Solicitud de revisión de la última revalorización y paga única.

- Solicitud para el traslado de pensiones a otra provincia.

⇨ **Pensiones**

- Cambio de domicilio para perceptor de prestaciones (pensionistas).

- Certificado individualizado de prestaciones.

- Certificado integral de prestaciones.

- Certificado de no pensionista (Tu Seguridad Social).

- Certificado de no pensionista (Otros accesos).

- Certificado de retenciones e ingresos a cuenta del IRPF.

- Certificado de revalorización de pensiones.

- Comunicación de datos a efectos de IRPF.

- Comunicación de datos del cónyuge de pensionistas.

- Comunicación de defunción de perceptor de prestación.

- Comunicación inicio/fin de la actividad laboral de pensionistas.

- Declaración de ingresos a efectos del complemento por mínimos.

- Declaración de ingresos de pensionistas de orfandad y en favor de familiares.

- Jubilación nacional.

- Jubilación nacional (como representante).

- Modificación de datos bancarios (del pensionista).

- Muerte y supervivencia nacional.

- Muerte y supervivencia nacional (como representante).

- Pensión de jubilación. Reglamentos Comunitarios y Convenios Bilaterales.

- Pensión de orfandad. Reglamentos Comunitarios y Convenios Bilaterales.

- Pensión de viudedad. Reglamentos Comunitarios y Convenios Bilaterales.

- Presentación de otros escritos, solicitudes y comunicaciones (Instituto Nacional de la Seguridad Social).

- Prestación de Incapacidad Permanente de Reglamentos Comunitarios y Convenios Bilaterales.

- Prestación de incapacidad permanente nacional.

- Prestación en Favor de familiares de Reglamentos Comunitarios y Convenios Bilaterales.

- Prestación en favor de familiares nacional.

- Simulador de Jubilación.

- Simulador de jubilación por autorizado.

- Solicitud de asignación de coeficientes reductores de la edad de jubilación por trabajos realizados en empresas mineras con actividad.

- Solicitud de asignación de coeficientes reductores de la edad de jubilación por trabajos realizados en empresas mineras sin actividad.

- Solicitud de certificado de prestaciones (como representante).

- Solicitud de corrección de datos identificativos del pensionista o de su representante legal.

- Solicitud de incremento de incapacidad permanente total con 55 años.

- Solicitud de incremento del porcentaje de viudedad (Declaración de ingresos).

- Solicitud de incremento o finalización de aplicación del tipo voluntario a efectos de las retenciones de IRPF.

- Solicitud de mantenimiento de la pensión de viudedad por nuevo matrimonio.

- Solicitud de mínimos por cargas familiares y declaración de ingresos.

- Solicitud de prestaciones devengadas y no percibidas por fallecimiento.

- Solicitud de rehabilitación de prestación.

- Solicitud de revisión de la incapacidad permanente.

- Solicitud de revisión de la última revalorización y paga única.

- Solicitud para el traslado de pensiones a otra provincia.

- ¿Cómo va mi prestación? (Tu Seguridad Social).

- ¿Cómo va mi prestación? (Otros accesos).

⇨ **Incapacidad**

- Declaración personal de hijos a cargo del solicitante de la prestación de incapacidad temporal.

- Gestión de la prestación de incapacidad temporal.

- Presentación de informes médicos.

- Prestación de Incapacidad permanente de Reglamentos Comunitarios y Convenios Bilaterales.

- Prestación de incapacidad permanente nacional.

- Solicitud de incremento de incapacidad permanente total con 55 años.

- Solicitud de revisión de la incapacidad permanente.

- ¿Cómo va mi prestación? (Tu Seguridad Social).

- ¿Cómo va mi prestación? (Otros accesos).

⇨ **Familia**

- Certificado de retenciones e ingresos a cuenta del IRPF.

- Declaración de ingresos de pensionistas de orfandad y en favor de familiares.

- Declaración personal de hijos a cargo del solicitante de la prestación de incapacidad temporal.

- Ingreso Mínimo Vital.

- Muerte y supervivencia nacional.

- Muerte y supervivencia nacional (como representante).

- Nacimiento y Cuidado de Menor.

- Nacimiento y Cuidado de Menor (como representante).

- Pensión de orfandad. Reglamentos Comunitarios y Convenios Bilaterales.

- Pensión de viudedad. Reglamentos Comunitarios y Convenios Bilaterales.

- Presentación de otros escritos, solicitudes y comunicaciones (Instituto Nacional de la Seguridad Social).

- Prestaciones familiares por hijo a cargo.

- Prestaciones otorgadas por el Seguro Escolar.

- Prestación de riesgo durante el embarazo.

- Prestación de riesgo durante la lactancia natural.

- Prestación económica para el cuidado de menores afectados por cáncer u otra enfermedad grave (pago directo).

- Prestación en Favor de Familiares de Reglamentos Comunitarios y Convenios Bilaterales.

- Prestación en favor de familiares nacional.

- Prestación por corresponsabilidad en el cuidado del lactante.

- Solicitud de mantenimiento de la pensión de viudedad por nuevo matrimonio.

- Solicitud de mínimos por cargas familiares y declaración de ingresos.

- Solicitud de prestaciones devengadas y no percibidas por fallecimiento.

- ¿Cómo va mi prestación? (Tu Seguridad Social).

- ¿Cómo va mi prestación? (Otros accesos).

⇨ **Asistencia sanitaria**

- Asistencia sanitaria. Solicitud de reconocimiento del derecho (como titular).

- Asistencia sanitaria. Consulta del derecho y Alta de beneficiarios.

- Asistencia sanitaria para migrantes en estancia temporal en España.

- Solicitud Tarjeta Sanitaria Europea (TSE) y Certificado Provisional Sustitutorio(CPS) (Tu Seguridad Social).

- Solicitud Tarjeta Sanitaria Europea (TSE) (Otros Accesos).

⇨ **Afiliación e inscripción**

- Acreditación de no tener Número de la Seguridad Social.

- Acreditación de no estar inscrito como empresario.

- Acreditación del Número de la Seguridad Social.

- Alta en convenio especial.

- Alta en convenio especial por Expediente de Regulación de Empleo.

- Alta en trabajo autónomo.

- Baja en convenio especial.

- Baja en convenio especial por Expediente de Regulación de Empleo.

- Baja en trabajo autónomo.

- Cambio de base de cotización de trabajo autónomo.

- Cambio de base de cotización-convenios especiales.

- Cambio de domicilio de trabajador/empresa.

- Cambio y comunicación de teléfono y correo electrónico.

- Inclusión/exclusión/reincorporación en Sistema Especial Agrario. Inactividad.

- Modificación de actividad autónomo.

- Modificación de datos de trabajo autónomo.

- Modificación de la condición de trabajo autónomo.

- Modificación de Mutua colaboradora y de la cobertura de trabajo autónomo.

- Rectificación de informe de vida laboral.

- Solicitar el número de la Seguridad Social.

- Solicitud de base reducida por pluriactividad en trabajo autónomo.

- Solicitud de trabajadores desplazados. Modelo TA. 300.

- Variación de datos de convenios especiales.

- Variación de datos de convenios especiales por Expediente de Regulación de Empleo.

- Impugnaciones ante la Tesorería General de la Seguridad Social.

- Aportar documentación a un expediente de impugnación ya iniciado ante la TGSS.

- Consulta seguimiento expediente de impugnación ya iniciado ante la TGSS.

⇨ **Cotización**

- Consulta de cálculos de cuotas para trabajador.

- Domiciliación en cuenta.

- Rectificación de informe de bases de cotización.

- Consulta de recibos emitidos para el Régimen Especial de Trabajadores Autónomos (RETA).

- Impugnaciones ante la Tesorería General de la Seguridad Social.

- Aportar documentación a un expediente de impugnación ya iniciado ante la TGSS.

- Consulta seguimiento expediente de impugnación ya iniciado ante la TGSS.

⇨ **Recaudación**

- Fraccionamiento del reintegro de prestaciones indebidamente percibidas.

- Impugnaciones ante la Tesorería General de la Seguridad Social.

- Aportar documentación a un expediente de impugnación ya iniciado ante la TGSS.

- Consulta seguimiento expediente de impugnación ya iniciado ante la TGSS.

- Fraccionamiento del reintegro de prestaciones indebidamente percibidas.

- Impugnaciones ante la Tesorería General de la Seguridad Social.

- Aportar documentación a un expediente de impugnación ya iniciado ante la TGSS.

- Consulta seguimiento expediente de impugnación ya iniciado ante la TGSS.

⇨ **Régimen especial del Mar**

- Alta Trabajadores Régimen Especial del Mar por cuenta propia.

- Asistencia Sanitaria. Solicitud de reconocimiento del derecho (REM).

- Auxilio por defunción (REM).

- Ayuda económica para los botiquines a bordo (REM).

- Ayudas económicas paralización flota.

- Baja Trabajadores Régimen Especial del Mar por Cuenta Propia.

- Certificado Provisional Sustitutorio (CPS) (REM).

- Certificado de prestaciones (REM).

- Cita Previa para Reconocimiento Médico de Embarque Marítimo.

- Comunicación de datos a efectos de IRPF (REM).

- Comunicación de datos del cónyuge de pensionistas (REM).

- Comunicación de defunción de perceptor de prestación (REM).

- Comunicación inicio/fin de la actividad laboral de pensionistas (REM).

- Corrección de datos identificativos del pensionista o de su representante legal (REM).

- Cursos de Formación profesional marítima y sanitaria del Instituto Social de la Marina.

- Declaración de ingresos a efectos de complemento por mínimos (REM).

- Declaración de ingresos de pensionistas de orfandad y en favor de familiares (REM).

- Declaración personal de hijos a cargo del solicitante de la prestación de incapacidad temporal (REM).

- Eliminación Altas/Bajas previas Régimen Especial del Mar por Cuenta Propia.

- Expedición de duplicado de diploma acreditativo de la formación marítima y sanitaria realizada en el Instituto Social de la Marina.

- Incremento de la incapacidad permanente total con 55 años (REM).

- Incremento del porcentaje de viudedad (Declaración de ingresos) REM.

- Informe de COE (REM).

- Informe de datos de cotización RETM.

- Mantenimiento de la pensión de viudedad por nuevo matrimonio (REM).

- Modificación de datos bancarios y domicilio del pensionista (REM).

- Modificación del tipo voluntario IRPF (REM).

- Mínimos por cargas familiares y declaración de ingresos (REM).

- Pensión de jubilación (REM).

- Pensión de jubilación. Reglamentos Comunitarios y Convenios Bilaterales (REM).

- Pensión de orfandad (REM).

- Pensión de orfandad. Reglamentos Comunitarios y Convenios Bilaterales (REM).

- Pensión de viudedad (REM).

- Pensión de viudedad. Reglamentos Comunitarios y Convenios Bilaterales (REM).

- Presentación de otros escritos, solicitudes y comunicaciones (Instituto Social de la Marina).

- Prestaciones devengadas y no percibidas por fallecimiento (REM).

- Prestación de incapacidad permanente (REM).

- Prestación de incapacidad permanente. Reglamentos Comunitarios y Convenios Bilaterales (REM).

- Prestación de riesgo durante el embarazo (REM).

- Prestación de riesgo durante la lactancia natural (REM).

- Prestación económica para el cuidado de menores afectados por cáncer u otra enfermedad grave (REM).

- Prestación en favor de familiares (REM).

- Prestación en favor de familiares. Reglamentos Comunitarios y Convenios Bilaterales (REM).

- Prestación por Nacimiento y Cuidado de Menor (REM).

- Reembolso de gastos por asistencia a Cursos de Formación Profesional Marítima y Sanitaria realizados en el Instituto Social de la Marina.

- Rehabilitación de prestación (REM).

- Reintegro de gastos de asistencia sanitaria en el extranjero (Acción social REM).

- Revisión de la incapacidad permanente (REM).

- Revisión de la última revalorización y paga única (REM).

- Revisión de los botiquines a bordo (REM).

- Solicitud de Certificado Provisional Sustitutorio (CPS representante) (REM).

- Solicitud de base reducida por pluriactividad RETM.

- Solicitud de expedición de certificados formación sanitaria especifica inicial y avanzada (REM).

- Subsidio por incapacidad temporal de pago directo (REM).

- Tarjeta Sanitaria Europea (TSE) (REM).

- Traslado de pensiones a otra provincia (REM).

- Comunicación de baja o cambio de situación de desempleo (REM).

- Resolución (duplicado) de alta/baja en el Régimen Especial del Mar por cuenta propia.

⇨ **Otros procedimientos**

- Confirmación de asignación de C.C.C.s o NAFs a un autorizado RED.

- Consulta de autorizado RED que gestiona un NAF.

- Consulta de solicitudes de la Tesorería General de la Seguridad Social presentadas por Registro Electrónico.

- Presentación de informes médicos.

- Presentación de otros escritos, solicitudes y comunicaciones (Instituto Nacional de la Seguridad Social).

- Presentación de otros escritos, solicitudes y comunicaciones (Tesorería General de la Seguridad Social).

- Rescisión de C.C.C.s y NAFs asignados a un autorizado RED.

- Solicitud alta de acreedor del sistema de la Seguridad Social.

- Solicitud de autorización para el uso del Sistema RED.

- Solicitud de desplazamiento. Modelo TA 300.

- Solicitud de modificación acreedor del sistema de Seguridad Social.

- Solicitudes baremadas de concurso.

- Autorización para el uso del Sistema RED.

- Consulta de solicitudes de la Tesorería General de la Seguridad Social presentadas por Registro Electrónico.

- Información venta de inmuebles.

- Ingreso Mínimo Vital.

- Verificación de documentos e informes mediante huella.

- Simulador JUBIMAR.

- Solicitud Cese de Actividad Trabajadores Autónomos (REM).
- Solicitud de Certificado Provisional Sustitutorio (CPS representante) (REM).
- Solicitud de un curso de formación profesional marítima y sanitaria por una entidad del sector marítimo pesquero (REM).
- Solicitud de base reducida por pluriactividad RETM.
- Solicitud de expedición de certificados formación sanitaria especifica inicial y avanzada (REM).
- Solicitud de reanudación agrupada de prestaciones por desempleo (REM).
- Solicitud Prestación Contributiva de Desempleo (REM).
- Solicitud Renta Activa de Inserción (RAI-REM).
- Solicitud Simplificada de prestaciones por desempleo (REM).
- Solicitud Subsidio de Desempleo (REM).
- Subsidio por incapacidad temporal de pago directo (REM).
- Tarjeta Sanitaria Europea mediante validación con SMS (REM).

⇨ **Cita previa para pensiones y otras prestaciones**

- Obtener Cita Previa para Pensiones y Otras Prestaciones.
- Consultar/Eliminar cita previa.

3. Servicios a empresas y entidades con certificado digital

3.1. Empresas

⇨ **Informes y certificados**

- Acreditación de no estar inscrito como empresario.
- Acreditación de haber tramitado un alta o baja en trabajo autónomo.
- Acreditación del alta, baja o modificaciones en empleo de hogar.
- Certificado de estar al corriente de las obligaciones en la Seguridad Social.
- Duplicado de documentos de Inscripción y Asignación de C.C.C. para empresario.

- Informe de datos de cotización de trabajo autónomo.

- Informe de datos de cotización RETM.

- Informe de estar al corriente de las obligaciones en la Seguridad Social.

- Informe de situación de empresario individual.

- Solicitud de certificado de prestaciones (como representante).

⇨ **Afiliación e inscripción**

- Acreditación de no estar inscrito como empresario.

- Alta en convenio especial.

- Alta en convenio especial por Expediente de Regulación de Empleo.

- Alta en empleo de hogar.

- Alta en trabajo autónomo.

- Baja de empleo de hogar.

- Baja del empresario.

- Baja en convenio especial.

- Baja en convenio especial por Expediente de Regulación de Empleo.

- Baja en trabajo autónomo.

- Cambio de base de cotización de trabajo autónomo.

- Cambio y comunicación de teléfono y correo electrónico del empresario.

- Eliminación de altas/ bajas previas de trabajadores en el Sistema Especial para Empleados de Hogar.

- Inscripción y asignación de C.C.C. para empresario colectivo.

- Inscripción y asignación de C.C.C. para empresario individual.

- Modificación de actividad autónomo.

- Modificación de datos de trabajo autónomo.

- Modificación de datos laborales en empleo de hogar.

- Modificación de la condición de trabajo autónomo.

- Modificación de Mutua colaboradora y de la cobertura de trabajo autónomo.

- Reinicio de la actividad empresarial.

- Solicitud de base reducida por pluriactividad en trabajo autónomo.

- Solicitud de trabajadores desplazados. Modelo TA. 300.

- Variación de datos de convenios especiales por Expediente de Regulación de Empleo.

- Variación de datos del Código de Cuenta de Cotización.

⇨ **Recaudación**

- Ampliación de la moratoria concedida a Instituciones Sanitarias.

- Aplazamiento en el pago de deudas a la Seguridad Social.

- Certificado de estar al corriente de las obligaciones en la Seguridad Social.

- Consulta de deudas y obtención de documento de ingreso.

- Devolución de ingresos indebidos Régimen General y Asimilados.

- Fraccionamiento del reintegro de prestaciones indebidamente percibidas.

- Informe de estar al corriente de las obligaciones en la Seguridad Social.

- Moratorias y exenciones por acontecimientos catastróficos.

- Reintegro de bonificaciones por Formación Profesional para el empleo.

⇨ **Impugnaciones**

- Impugnaciones ante la TGSS. Seguimiento.

- Aportar documentación a un expediente de impugnación ya iniciado ante la TGSS.

- Consulta seguimiento expediente de impugnación ya iniciado ante la TGSS.

⇨ **RED**

- Confirmación de asignación de C.C.C.s o NAFs a un autorizado RED.

- Consulta de autorizado RED que gestiona un NAF.

- Consulta de autorizados RED que gestionan una empresa.

- Rescisión de C.C.C.s y NAFs asignados a un autorizado RED.

- Solicitud de autorización para el uso del Sistema RED.

⇨ **Prestaciones**

- Certificados de no pensionista (como representante).

- Comunicación de defunción de perceptor de prestación.

- Jubilación nacional (como representante).

- Muerte y supervivencia nacional (como representante).

- Nacimiento y Cuidado de Menor (como representante).

- Presentación de otros escritos, solicitudes y comunicaciones (Instituto Nacional de la Seguridad Social).

- Solicitud de certificado de prestaciones (como representante).

- ¿Cómo va mi prestación? (Otros accesos).

⇨ **Otros procedimientos**

- Consulta de solicitudes de la Tesorería General de la Seguridad Social presentadas por Registro Electrónico.

- Estadísticas de Afiliación.

- Presentación de otros escritos, solicitudes y comunicaciones (Tesorería General de la Seguridad Social).

- Seguro Escolar - Consulta de recibos de liquidación cuotas emitidos.

- Seguro Escolar - Emisión de recibo de liquidación de cuotas.

- Seguro Escolar - Presentación de la Relación de Alumnos matriculados.

- Solicitud de desplazamiento. Modelo TA 300.

- Verificación de documentos e informes mediante huella.

- Alta de proveedor para cobro de facturas del sistema de la Seguridad Social.

- Baja o modificación de proveedor para cobro de facturas del sistema de la Seguridad Social.

⇨ **CEPROSS:** es el sistema de Comunicación de Enfermedades Profesionales en la Seguridad Social.

- Alta de partes.

- Alta de Partes EP– Supuestos Especiales.

- Consulta de partes.

- Modificación de partes.

- Calificación de partes.

- Cierre de parte.

- Completar parte.

- Listados de partes de enfermedad profesional.

- Consulta de Listados de partes de EP.

- Verificación de la información.

- Sistema de alertas.

⇨ **PANOTRATSS** es el sistema de comunicación de patologías no traumáticas causadas por el trabajo.

- Alta de partes.

- Alta de Partes PA - Supuestos Especiales.

- Completar parte.

- Cierre de parte.

- Modificación de partes.

- Calificación de partes.

- Consulta de partes.

- Listados Parte de Patologías.

- Consulta de listados de partes PA.

⇨ **Comunicación y variación de datos**

- Comunicación de declaración de concurso a la TGSS.

- Comunicación de nombramiento de mediador concursal y aceptación del cargo.

- Modificación de datos bancarios y domicilio (del pensionista) para representantes.

3.2. Administraciones y Mutuas

⇨ **Cesión de datos e informes**

- Cesión de datos para Administraciones Públicas: Autorización, alta y baja de usuarios y variación de datos.

- Informes entidades acogidas a la Modalidad de Pago a Cuenta (a partir del 2 de noviembre este servicio no estará disponible).

- Informes entidades acogidas a la modalidad de pago a cuenta. Recepción de ficheros.

- Informes entidades acogidas a la modalidad de pago a cuenta. Consulta de estado de ficheros.

- Servicios de cesión de datos para las Administraciones Públicas por fichero.

- Servicios de cesión de datos para las Administraciones Públicas por fichero. Envío de Ficheros.

- Servicios de cesión de datos para las Administraciones Públicas por fichero. Consulta de estado de ficheros.

- Servicios de cesión de datos para las Administraciones Públicas por fichero. Recepción de Ficheros.

- Servicios de cesión de datos para las Administraciones Públicas Online (R002).

⇨ **Otros procedimientos**

- Centros Públicos de Salud.

- Modificaciones presupuestarias de la Seguridad Social. Aplicación e-MO-PRES.

⇨ **Premios administración Mutua**

- Premi@ss. Administración Mutua. Preparar alegaciones.

- Premi@ss. Administración Mutua. Consulta.

⇨ **Premios firma Mutua**

- Premi@ss. Firma Mutua. Descarga del informe provisional.

- Premi@ss. Firma Mutua. Presentar solicitud de ampliación de plazo.

- Premi@ss. Descarga de respuesta a la solicitud de ampliación de plazo.

- Premi@ss. Firma Mutua. Presentar alegaciones.

- Premi@ss. Firma Mutua. Descarga del informe definitivo.

- Premi@ss. Firma Mutua. Consulta.

⇨ **TRACIAss Administración Mutua**

- Descarga conjunto Plantillas.

- Traspaso a TRACI@ss de las Cuentas Anuales.

- Cancelar Cuentas Anuales.

- Consulta Cuentas Anuales.

- Consulta errores de TRACI@ss.

- Borrado de Cuentas Anuales.

- Comprobación Huella Electrónica.

- Revisión Cuentas Presentadas.

- Presentación Cuentas Anuales a la Junta General.

- Impresión/Descarga Cuentas Anuales.

- Recuperar fichero Cuentas Anuales.

- Informe Comparativo de Reformulaciones.

- Subsanación de errores. Subida múltiple de plantillas rectificadas.

⇨ **TRACIAss Administración Entidades**

- Descarga conjunto Plantillas.

- Traspaso a TRACI@ss de las Cuentas Anuales.

- Cancelar Cuentas Anuales.

- Consulta Cuentas Anuales.

- Consulta errores de TRACI@ss.

- Comprobación Huella Electrónica.

- Impresión/Descarga Cuentas Anuales.

- Recuperar fichero Cuentas Anuales.

- Subsanación de errores. Subida múltiple de plantillas rectificadas.

⇨ **TRACIAss Firma Mutua**

- Consulta Cuentas Anuales.
- Comprobación Huella Electrónica.
- Formulación Cuentas Anuales.
- Presentación Alegaciones.
- Aprobación Cuentas Anuales.
- Impresión/Descarga Cuentas Anuales.
- Recuperar fichero Cuentas Anuales.
- Informe Comparativo de Reformulaciones.
- Firma diligencia de subsanación errores de naturaleza contable.

⇨ **TRACIAss Firma Entidades**

- Consulta Cuentas Anuales.
- Comprobación Huella Electrónica.
- Aprobación Cuentas Anuales.
- Impresión/Descarga Cuentas Anuales.
- Recuperar fichero Cuentas Anuales.
- Firma diligencia de subsanación errores de naturaleza contable.

⇨ **TRACIAss Subdirección General Control Financiero**

- Consulta Cuentas Anuales.
- Consulta Global Cuentas Anuales.
- Comprobación Huella Electrónica.
- Subida y Firma Informe Provisional e Informe Definitivo.
- Impresión/Descarga Cuentas Anuales.
- Recuperar fichero Cuentas Anuales.
- Informe Comparativo de Reformulaciones.

⇨ **TRACIAss Subdirección General Contabilidad**

- Consulta de plantillas.

- Consulta Cuentas Anuales.

- Consulta Global Cuentas Anuales.

- Comprobación Huella Electrónica.

- Revisión Cuentas Anuales Presentadas.

- Revisión Cuentas Anuales Aprobadas.

- Impresión/Descarga Cuentas Anuales.

- Recuperar fichero Cuentas Anuales.

- Informe Comparativo de Reformulaciones.

4. Trámites más habituales

4.1. Informes y certificados: informe de vida laboral

Va dirigido a ciudadanos que estén cotizando o que lo hayan hecho alguna vez a lo largo de su vida, y que estén en posesión de número de afiliación a la Seguridad Social.

Se gestiona a través de Import@ss, espacio digital adaptado a dispositivos móviles, accesible desde la web, la sede electrónica (SEDESS) y la aplicación de la Seguridad Social, en el que se ofrece información y servicios de tramitación. Incorpora un área personal en la que, independientemente de su situación laboral actual, el ciudadano puede consultar sus datos de forma personalizada.

Qué podrás hacer:

⇨ Consultar todas las situaciones de alta y baja en los distintos regímenes de la Seguridad Social.

⇨ Obtener un informe en PDF de la vida laboral completa o acotada según la búsqueda.

⇨ Solicitar la incorporación o modificación de datos si se detectan errores.

⇨ Solicitar el envío del informe de vida laboral al domicilio que se haya comunicado a la Tesorería General de la Seguridad Social.

4.2. Variación de datos: modificación de datos bancarios y domicilio

Podemos realizar, por registro electrónico, la solicitud de la modificación de datos bancarios para el cobro de, por ejemplo, la pensión o el domicilio del titular.

Si accedemos con **Usuario + Contraseña** (Cl@ve permanente):

⇨ Para garantizar un mayor nivel de seguridad, nos enviarán un código por SMS al móvil para que podamos firmar la comunicación en el registro electrónico.

⇨ Cumplimentaremos los datos que nos soliciten en el formulario y, una vez realizado el trámite, recibiremos un pdf con el acuse de recibo.

⇨ El INSS nos enviará la resolución de la solicitud a nuestro domicilio.

Si accedemos **con certificado digital**:

• Elegimos el certificado y al darle "aceptar" nos aparecerá la siguiente pantalla:

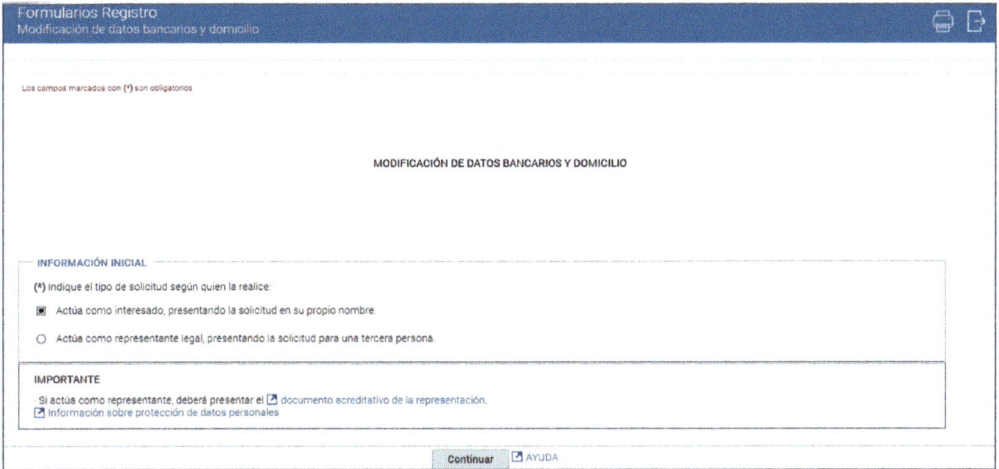

• Al darle a continuar, nos aparecerá una pantalla con nuestros datos personales y marcaremos la opción deseada:

⇨ Cambio de domicilio o datos de contacto.

⇨ Cambio de datos bancarios.

⇨ Cambio de residencia fiscal.

91

- Al darle a continuar, nos aparecerán las distintas pantallas en función de los datos que queremos modificar:

  ⇨ Datos del domicilio.

  ⇨ Datos de contacto.

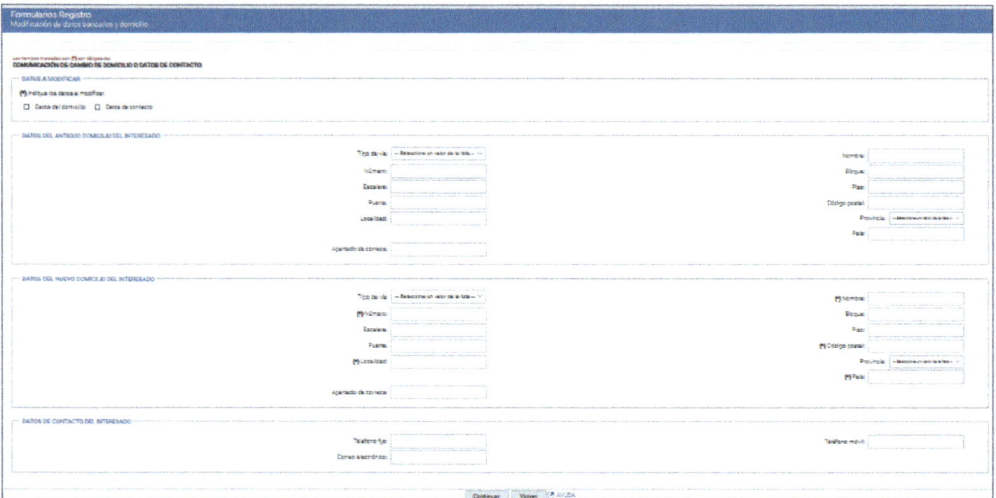

 No obstante, hay que tener en cuenta que la comunicación de cambio de cuenta bancaria para el abono de la prestación de la Seguridad Social se realiza, en nuestro nombre, por la entidad financiera colaboradora en la gestión de la Seguridad Social, pero también se puede hacer a través de este servicio.

4.3. Informes y certificados: informe de bases de cotización

A través de este servicio podremos obtener y consultar online un informe con los datos relativos a las bases de cotización, correspondientes a los diferentes periodos de liquidación en los que hemos figurado en alta en los diferentes regímenes que contempla la Seguridad Social.

Se consulta el informe en Import@ss. A través de este servicio podrá obtener o consultar tu informe con los datos de las bases de cotización correspondientes a los diferentes periodos en los que has estado en alta en los diferentes regímenes que contempla la Seguridad Social.

4.4. Asistencia sanitaria

Este servicio permite solicitar y renovar la tarjeta sanitaria para titulares y beneficiarios y comprobar posteriormente el estado de dicha solicitud.

Para pedir la Tarjeta Sanitaria Europea:

- **Si accedemos sin certificado digital** debemos completar la información que la aplicación va solicitando y tener actualizado el domicilio que figure en la base de datos de la Seguridad Social, ya que es donde llegará la tarjeta en un plazo no superior a 5 días.

- **Si accedemos con certificado digital** nos dirigirá a Tu Seguridad Social y en el apartado "Asistencia sanitaria" tendremos que pulsar en "Pedir Tarjeta Sanitaria Europea". Ahí podremos indicar el domicilio al que queremos que sea enviada dicha tarjeta, que llegará en un plazo no superior a 5 días.

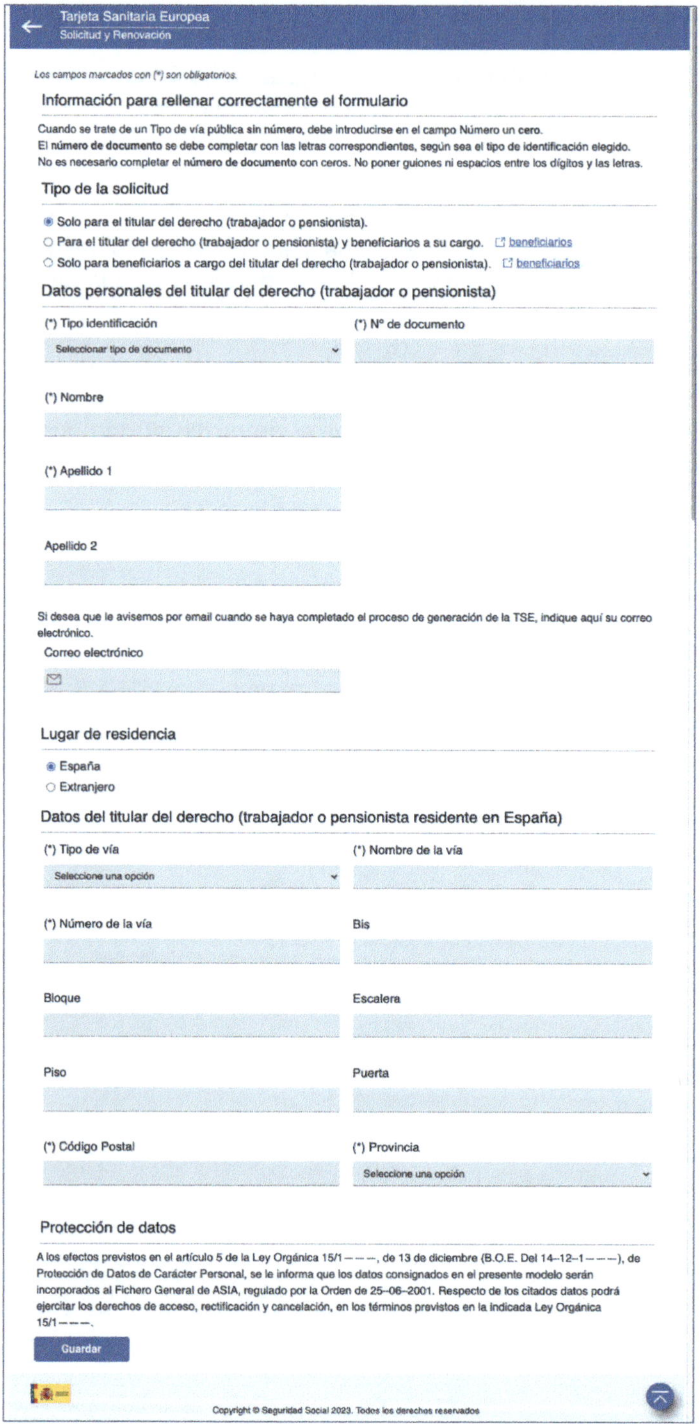

Tarjeta Sanitaria Europea
Solicitud y Renovación

Los campos marcados con (*) son obligatorios.

Información para rellenar correctamente el formulario

Cuando se trate de un Tipo de vía pública **sin número**, debe introducirse en el campo Número un **cero**.
El **número de documento** se debe completar con las letras correspondientes, según sea el tipo de identificación elegido.
No es necesario completar el **número de documento** con ceros. No poner guiones ni espacios entre los dígitos y las letras.

Tipo de la solicitud

- Solo para el titular del derecho (trabajador o pensionista).
- Para el titular del derecho (trabajador o pensionista) y beneficiarios a su cargo. beneficiarios
- Solo para beneficiarios a cargo del titular del derecho (trabajador o pensionista). beneficiarios

Datos personales del titular del derecho (trabajador o pensionista)

(*) Tipo identificación: Seleccionar tipo de documento
(*) Nº de documento
(*) Nombre
(*) Apellido 1
Apellido 2

Si desea que le avisemos por email cuando se haya completado el proceso de generación de la TSE, indique aquí su correo electrónico.
Correo electrónico

Lugar de residencia

- España
- Extranjero

Datos del titular del derecho (trabajador o pensionista residente en España)

(*) Tipo de vía: Seleccione una opción
(*) Nombre de la vía
(*) Número de la vía
Bis
Bloque
Escalera
Piso
Puerta
(*) Código Postal
(*) Provincia: Seleccione una opción

Protección de datos

A los efectos previstos en el artículo 5 de la Ley Orgánica 15/1– – –, de 13 de diciembre (B.O.E. Del 14–12–1– – –), de Protección de Datos de Carácter Personal, se le informa que los datos consignados en el presente modelo serán incorporados al Fichero General de ASIA, regulado por la Orden de 25–06–2001. Respecto de los citados datos podrá ejercitar los derechos de acceso, rectificación y cancelación, en los términos previstos en la indicada Ley Orgánica 15/1– – –.

Guardar

Copyright © Seguridad Social 2023. Todos los derechos reservados

Lo primero que debemos conocer de cara a interactuar con la Seguridad Social a través de Internet es que podemos ponernos en comunicación en dos sitios:

⇨ El Portal de la Seguridad Social.

⇨ La Sede Electrónica.

	Portal	Sede
Descripción	Sitio web en el que se pueden realizar distintas gestiones y tareas y no requiere un nivel de seguridad específico ni está regulado por ley.	Punto de acceso seguro donde los usuarios pueden acceder a los trámites y la información que permite la misma, garantizando la integridad y veracidad de la información y de la documentación
División	• Inicio. • Conócenos. • Trabajadores. • Pensionista. • Empresarios.	• Ciudadanos. • Empresa. • Administraciones y Mutua.
Servicios	• Información. • Modelos de presentación.	• Información. • Accesos a la presentación.

UNIDAD DIDÁCTICA 3

Comunicación con la Tesorería
General de la Seguridad Social

Contenido & Objetivos

Introducción

1.   El sistema RED online

2.   Sistema de liquidación directa (SILTRA)

Resumen

Los **objetivos** de esta unidad son:

1.   Conocer el Sistema RED.

2.   Conocer el Sistema Red Online.

3.   Conocer el programa Siltra.

Introducción

Dentro de todo ese marco normativo comunitario y de estas políticas de acercamiento a través de Internet de los ciudadanos y las instituciones, la Tesorería General de la Seguridad Social ha puesto a disposición de los usuarios una serie de herramientas para la tramitación de las distintas comunicaciones que debemos realizar con ella en materias como afiliación, cotización y tramitación.

Las principal de esas herramientas es el Sistema de Remisión Electrónica de Datos (RED), que se complementa con la aplicación de Coordinación, Atención y Soporte Integral al Autorizado RED (CASIA). A través de CASIA se pueden plantear consultas, errores o incidencias producidas en la transmisión de ficheros a través del Sistema RED o del Sistema de Liquidación Directa (SILTRA) o en las funcionalidades de los Servicios Online y presentar la solicitud de trámites propios del ámbito de gestión de la Tesorería General de la Seguridad Social que no puedan llevarse a cabo a través del Sistema RED o de la sede electrónica.

Las funcionalidades que ofrece el Sistema RED son las siguientes:

- **Sistema RED online**: es una plataforma que facilita la transmisión de documentos entre empresas y la Seguridad Social a través de Internet. Las empresas y determinados empresarios deben presentar solicitudes, realizar trámites y recibir notificaciones a través de este sistema.

- **Sistema de Liquidación Directa (SILTRA)**: es la opción más actualizada y general, ya que puede acceder cualquier empresa. Se caracteriza por poderse realizar un mayor número de gestiones y facilitar el cálculo de las cuotas correspondientes a cada trabajador a través de la información obtenida de la base de datos de la TGSS y de la información aportada por la empresa. El programa a través del cual se realiza es el SILTRA.

- **Sistema RED Directo:** es un servicio que ofrece la Tesorería General de la Seguridad Social a las pequeñas empresas a través de Internet utilizando la página web de la Seguridad Social. El fin último de RED Directo es la supresión de la gestión convencional en papel, logrando de este modo una mayor agilidad en la tramitación de las obligaciones en materias de afiliación, cotización y gestión de bajas médicas.

  RED Directo exige una autorización previa para su utilización. Esta autorización se concede a aquellos sujetos responsables de la obligación de cotizar, siempre que gestionen CCCs con un número no superior a 15 trabajadores en el momento de solicitar dicha autorización o hasta un máximo de 25 trabajadores si aumenta a lo largo de la vida del CCC. Los autorizados RED deben disponer además de un Programa de nóminas adaptado al uso del Sistema RED.

Para garantizar la identificación de los datos que se envían y, al mismo tiempo, garantizar la seguridad en la transmisión de dichos datos entre los usuarios y la Seguridad Social, es necesario utilizar un un certificado electrónico válido.

Una vez cumplimentados todos los requisitos previos podremos establecer una Conexión Directa con la Tesorería General de la Seguridad Social a través de la página web de la Seguridad Social: **www.seg-social.es**.

RED Directo nos permite establecer una conexión en tiempo real que hace posible la tramitación instantánea de los documentos de cotización, movimientos en materia de afiliación y de los partes médicos. Además, nos permite realizar consultas y obtener informes.

1. Sistema Red online

1.1. Introducción

Podemos acceder a este servicio desde nuestro navegador de Internet, entrando en la página web de la seguridad social **www.seg-social.es**.

Una vez que estamos dentro de la página, buscamos "Acceso al sistema Red on-line":

A un click

- Ingreso Mínimo Vital
- Pago de deudas con tarjeta
- Vivess. Acredita tu vivencia
- Certificado integral de prestaciones
- Cita previa para prestaciones y otras gestiones
- Acceso Sistema RED on-line
- Violencia contra la mujer
- Compra y venta de inmuebles
- Subastas de bienes embargados
- Buques asistenciales ISM (vídeos)

Se abrirá una ventana en la que debemos seleccionar un certificado electrónico para que el sistema autentifique al usuario. Aparecerá una pantalla de bienvenida donde se nos muestran los **servicios Red disponibles:**

⇨   Inscripción y Afiliación Online:

  ▶   Inscripción y Afiliación Online Prácticas.

  ▶   Inscripción y Afiliación Online Real.

  ▶   Red Directo Afiliación Prácticas.

▶ Red Directo Inscripción y Afiliación Real.

▶ Corrección de Errores.

⇨ Cotización Online:

    ▶ Cotización RETA.

    ▶ Cotización SLD Remesas.

    ▶ Cotización Red Directo.

    ▶ Gestión de Deuda.

    ▶ Gestión de Deuda Red Directo.

    ▶ Cotización Seguro Escolar.

⇨ Incapacidad Temporal Online.

⇨ Buzón Personal:

    ▶ Consulta de Mensajes.

⇨ Transferencia de Ficheros:

    ▶ Consulta/Descarga de Acuses Técnicos SLD.

    ▶ Consulta/Descarga de ficheros SLD.

⇨ Gestión de devoluciones y saldos acreedores:

    ▶ Solicitud de reintegro de bonificaciones por Formación Profesional para el empleo.

⇨ Conceptos retributivos abonados.

 Habrá que tener en cuenta que este contenido puede estar sujeto a variaciones.

1.2. Inscripción y afiliación online

1.2.1. Inscripción y Afiliación Online Real

Seleccionando la opción de Inscripción y Afiliación Online Real aparece una pantalla con varios submenús que muestran todos los servicios disponibles.

Oficina Virtual
SISTEMA RED Inscripción y Afiliación Online / Real   Salir

Trámites Trabajadores
Altas Sucesivas y Bajas
Cambio de Grupo de Cotización
Modificación Eliminación de Mov. Previas
Cambio de Contrato(Tipo/Coeficiente)
Cambio de Ocupación de A.T.
Eliminación de Altas Consolidadas
Eliminación de Bajas Consolidadas
Modif. Datos Sistemas Especiales
Anotación de Jornadas
Modif. de la Fecha de Alta (REG. 0163)
Cambio de Categoría Profesional
Situaciones Adicionales de Afiliación
Cambio Coefic. Reductor Edad Jubilación
Trabajadores Subcontratados o Cedidos
Dias trabajados en contratos a tiempo parcial y SEFH
Convenios Colectivos múltiples por trabajador
Corrección Modalidad o SJR Semana Según Convenio
Suspensiones por Prestaciones de Corta Duración
Datos Integrados Bases Adicionales

Trámites C.C.C
Anotación de Convenio Colectivo (Empresa)
Inscripción C.C.C. de Empresario Individual
Asignación C.C.C. Secundario de Empresario Colectivo
Modificación de domicilio de CCC
Reinicio de un C.C.C.

Trámites Alertas
Consulta de alertas

Consultas
Consulta Situación Actual del Afiliado
Consulta Situación de la Empresa
Consulta de Trabajadores en una Empresa
Consulta Número de Afiliación
Consulta de NAF por IPF
Consulta Alta Trabajadores en Otra Empresa

Informes
Informe de Vida Laboral de Afiliados
Informe de Afiliados en Alta en un C.C.C.
Informe del número anual medio de trabajadores
Informe de Mov. Previas de Afiliados
Inf. de Trab. con Mov. Previos en un C.C.C.
Duplicados de Documentos TA
Informe de Situación de un C.C.C.
Vida Laboral de un C.C.C.
Informe de Jornadas reales
Informe datos de cotización-Trab.Cuenta Ajena
Informe datos de cotización/Periodo liquidación-CCC
Informe datos de cotización/Periodo liquidación-NSS
Informe Plantilla Media de Trabajadores en Alta
Informe datos de cotización/Relación laboral-NSS
Duplicada de documentos de empresarios
Informe Cumplimiento Reserva Porcentaje Discapacitados

Régimen Especial de Trabajadores Autónomos
Alta de trabajador en el régimen especial de trabajadores autónomos (RETA)
Baja de trabajador en el régimen especial de trabajadores autónomos (RETA)
Solicitud de cambio de domicilio - RETA
Cambio de base de cotización en el régimen especial de trabajadores autónomos
Duplicado de resolución de alta/baja en el RETA
Cambio de actividad en el RETA
Solicitud Cobertura año próximo en el RETA
Modificación de condición de trabajador autónomo
Informe de datos de cotización RETA
Solicitud de base reducida por pluriactividad RETA

Trabajadores Autónomos del Régimen Especial del Mar
Alta Trabajadores Régimen Especial del Mar por cuenta propia
Baja Trabajadores Régimen Especial del Mar por cuenta propia
Eliminación Altas/Bajas previas Régimen Especial del Mar por cuenta propia
Informe de datos de cotización RETM
Solicitud de base reducida por pluriactividad RETM

Sistema Especial para empleados de Hogar del Régimen General
Alta en S.E. para empleados de Hogar
Baja en S.E. para empleados de Hogar
Eliminaciones en S.E. para empleados de Hogar
Variaciones en S.E. para empleados de Hogar

- **Trámites Trabajadores:** en esta opción es donde podemos realizar altas, bajas, cambios de contratos, de jornadas, de códigos de ocupación, de grupos de cotización, entre otros:

  ⇨ **ALTAS:** para realizar un alta de un trabajador debemos seleccionar, en el menú, "Trámites de trabajadores", la opción "Altas sucesivas y bajas" y, dentro de esta opción, el campo "Alta". Rellenaremos todos los campos que aparecen en la pantalla relativos al trabajador:

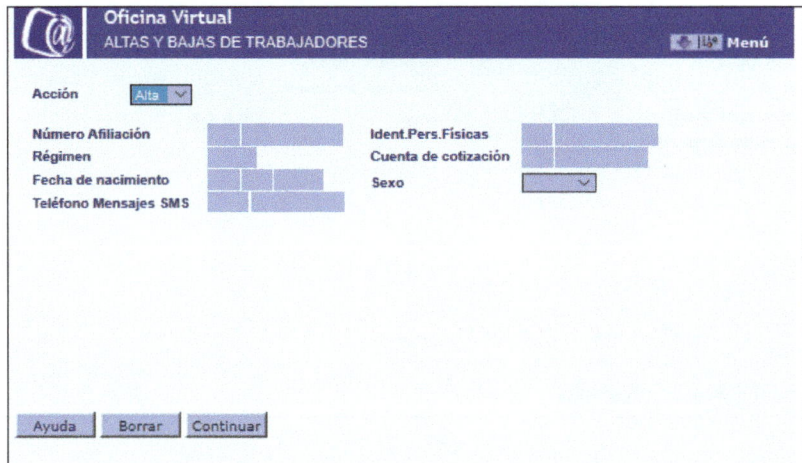

Una vez tengamos cubiertos los campos, le damos a Continuar y se nos abrirá una segunda pantalla en la que debemos rellenar los campos correspondientes al alta que queremos realizar:

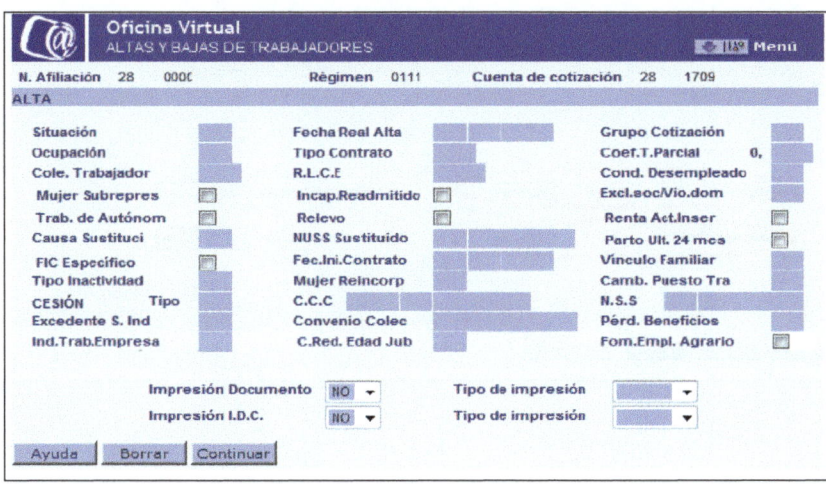

⇨ **ALTA**: el alta deberá comunicarse con carácter previo al inicio de la actividad y hasta 60 días antes.

⇨ **BAJAS:** las bajas las realizaremos de la misma manera que las altas, pero seleccionando la opción "Baja":

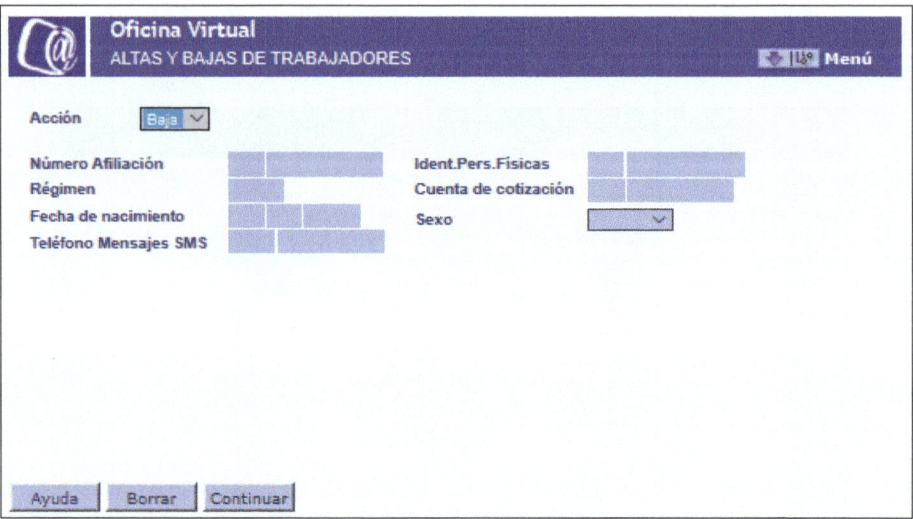

Pulsamos en Continuar:

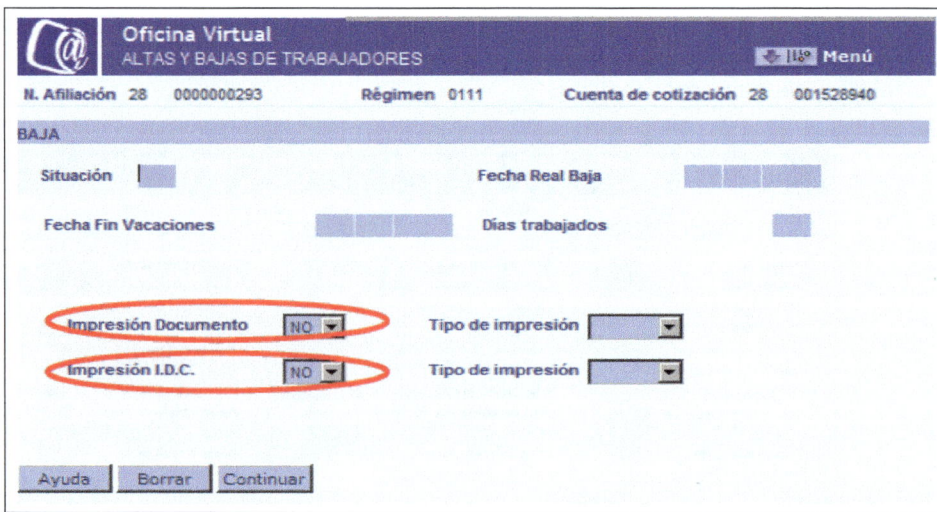

En el caso de seleccionar la opción Impresión Documento se abre un documento en Acrobat Reader con la resolución de la baja en la que se incluye una huella electrónica. Dicha huella aporta la misma validez legal que si el documento hubiese sido sellado en la oficina física de la Administración.

Si seleccionamos la opción de impresión de IDC (Informe de Datos de Cotización) se nos abrirá un documento Acrobat Reader donde aparecerán todos los datos y peculiaridades de cotización.

El plazo para comunicar la Baja continúe es de tres días siguientes a la finalización de la actividad.

- **Trámites C.C.C:** en esta opción es donde podemos realizar trámites respecto a un CCC:

  ⇨ Solicitar la inscripción de un CCC de empresario individual.

  ⇨ Asignación CCC secundario de empresario colectivo.

  ⇨ Anotar el convenio colectivo.

  ⇨ Cambiar domicilio de un CCC.

  ⇨ Reinicio de un CCC.

  Para la inscripción CCC empresario individual (siempre que el autorizado RED tenga asignado a su autorización el NAF del empresario individual):

  ⇨ Lo primero que se nos muestra es una pantalla en la que se solicita el NAF del afiliado y el Identificador de Persona Física al que se quiere asignar un C.C.C.

  ⇨ Después aparecerá una segunda pantalla en la que nos presenta todos los datos identificativos del solicitante, también la opción para marcar si queremos hacer una solicitud de asignación de código de cuenta principal o secundario y la sección para indicar el Régimen del nuevo C.C.C.

⇨ Una vez pulsamos el botón Continuar, se accede a una pantalla donde indicamos los datos relativos al domicilio de la empresa, de la actividad y de las notificaciones.

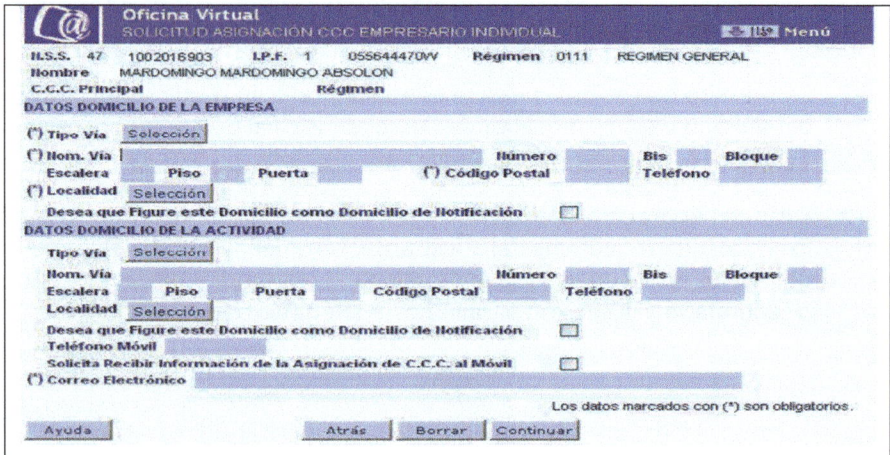

⇨ Si le damos a confirmar nos aparecerá otra pantalla en la que se nos solicita más información relativa a la inscripción de la empresa, como el CNAE (Clasificación Nacional de Actividades Económicas), la fecha de inicio de la actividad o la entidad de accidentes de trabajo.

⇨ Una vez que tengamos confirmados los datos nos aparecerá una pantalla con el Código de Cuenta de Cotización creado.

⇨ Al darle a continuar se emite la Resolución de asignación del CCC lista para imprimir.

⇨ La inscripción debe practicarse con carácter previo al inicio de la actividad.

• **Trámites Alertas:** donde aquí consultaremos los trámites o incidencias pendientes.

• **Consultas:** en esta opción es donde podemos ver en tiempo real los datos de los trabajadores o empresas en función de la consulta que hagamos:

⇨ **Consulta de situación afiliado en la empresa**: datos relativos al alta del trabajador en el CCC (contrato, fecha de alta...).

⇨ **Consulta situación de la empresa**: muestra todos los datos de Seguridad Social relativos al CCC consultado.

⇨ **Consulta de trabajadores en una empresa**: muestra el listado de trabajadores de alta en un CCC.

⇨ **Consulta número de afiliación:** a partir del NAF de cualquier trabajador se mostrará su nombre y apellidos e IPF.

⇨ **Consulta de NAF por IPF:** mostrará el NAF de cualquier trabajador a partir de su IPF y apellidos.

⇨ **Consulta alta trabajadores en otra empresa.**

• **Informes:** en esta opción es donde podemos imprimir con validez jurídica (huella digital) diversos informes.

Los informes que tenemos a nuestra disposición en "Afiliación Online Real" son:

⇨ **Informe vida laboral de afiliados**: nos muestra la vida laboral del trabajador seleccionado en ese CCC.

⇨ **Informe IT Enfermedad Común**: nos informa si el trabajador tiene cotizados al menos 180 días, en cualquier empresa, en los últimos cinco años.

⇨ **Informe del número anual medio de trabajadores**: nos muestra cual es el número medio anual de trabajadores en alta en un período determinado.

⇨ **Informe de Movimientos Previos de Afiliados**: nos muestra los datos relativos a movimientos previos de un afiliado en un C.C.C.

⇨ **Informe de Trabajadores con Movimientos Previos en un C.C.C**: nos muestra la relación de trabajadores que tienen movimientos previos en un C.C.C.

⇨ **Duplicados de Documentos TA**: nos facilita duplicados de la resolución de Alta, Baja o Variación de datos de cualquier acción realizada anteriormente.

⇨ **Informe de Situación de un C.C.C:** nos informa todos los datos de gestión, cotización, actuales de un C.C.C.

⇨ **Vida laboral de un CCC:** nos muestra a los trabajadores que han estado de alta en el CCC entre las dos fechas que indiquemos. También nos muestra los datos más relevantes del contrato.

⇨ **Informe de Jornadas Reales**: nos informa, las empresas del Sistema Especial Agrario, de las Jornadas Reales realizadas por un trabajador en el mes seleccionado por el usuario.

⇨ **Informe datos de cotización-Trabajador Cuenta Ajena**: nos informa de los datos de cotización, así como las peculiaridades de cotización de un determinado trabajador.

⇨ **Informe de Datos para la Cotización/Período de liquidación CCC:** nos permite obtener un Informe de Datos de Cotización por CCC y período de liquidación.

⇨ **Informe de Datos para la Cotización/Período de liquidación-NSS**: nos permite obtener un único informe por cada período de liquidación que contenga todas las situaciones y peculiaridades de cotización de un trabajador que haya tenido más de una situación o peculiaridad en dicho período.

⇨ **Informe Plantilla Media Trabajadores en Alta:** nos permite obtener un informe que contiene la plantilla media de trabajadores de una empresa en un período determinado.

⇨ **Informe datos de cotización/Relación laboral-NSS**: nos permite obtener información de todas las peculiaridades de cotización de un trabajador para un período solicitado. Este período podrá ser mayor o menor a un período de liquidación, incluso si el trabajador ha tenido bajas y altas en distintos CCC's de la misma empresa.

⇨ **Duplicado de documentos de empresarios**: nos permite obtener un duplicado de la resolución de alta de un Código de Cuenta de Cotización principal o secundario, de empresario individual o de empresario colectivo.

⇨ **Informe cumplimiento reserva porcentaje discapacitados.**

⇨ **Informe de vida laboral de afiliados**

La clase se aplica tanto si en el contenido va en listas como párrafos:

▶ Para acceder al informe de vida laboral de afiliados:

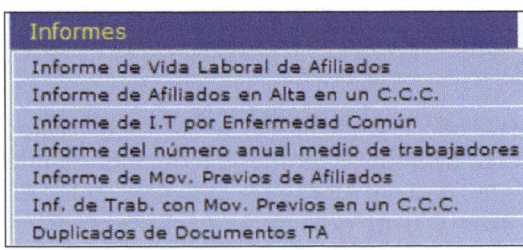

▶ Nos aparecerá la pantalla con los campos a cumplimentar para la obtención del informe. En esta pantalla deberemos informar del número de afiliación del trabajador cuya vida laboral queremos obtener.

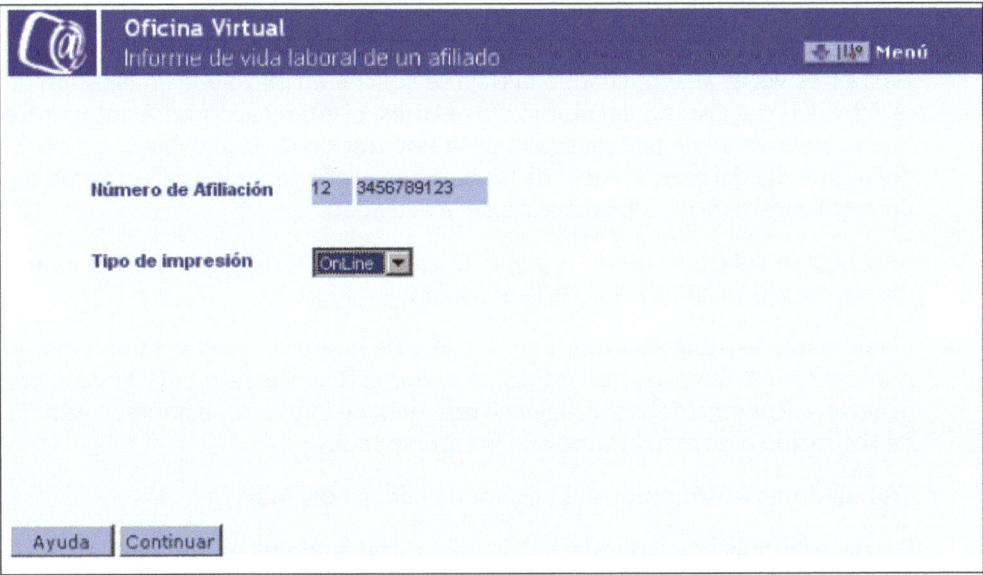

▶ Al pulsar el botón Continuar, se nos mostrará (en formato PDF) el informe solicitado.

• **Régimen Especial de Trabajadores Autónomos:**

Podrán darse de alta en RETA todos los españoles que residan en España y los extranjeros que residan o se encuentren legalmente en España siempre que, en ambos supuestos, ejerzan de forma habitual, personal y directa una actividad económica a título lucrativo, sin sujeción por ella a contrato de trabajo y aunque utilicen el servicio remunerado de otras personas; sea o no titular de empresa individual o familiar en territorio nacional.

Además, el trabajador debe tener un Número de Seguridad Social válido.

El alta deberá comunicarse con carácter previo al inicio de la actividad y hasta 60 días antes del inicio de la misma.

Hasta tres veces al año, cuando el Alta se solicite con carácter previo y el inicio de la actividad sea distinto del primer día del mes, el interesado podrá optar entre que la efectividad del Alta sea la del inicio de la actividad, o bien, la del día primero del mes. El resto de las altas en el año tendrán la efectividad del día primero del mes del inicio de la actividad.

Si el Alta se solicitase fuera de plazo, la efectividad será siempre la del primer día del mes del inicio de la actividad.

El plazo para comunicar la Baja es de tres días siguientes a la finalización de la actividad.

Hasta tres veces al año, cuando la Baja se solicite en plazo y la finalización de la actividad sea distinta del último día del mes, el interesado podrá optar entre que la efectividad de la Baja sea la de la finalización de la actividad, o bien, la del último día del mes. El resto de las bajas en el año tendrán la efectividad del último día del mes de la finalización de la actividad.

Si la Baja se solicitase fuera de plazo, la efectividad será siempre la del último día del mes de la finalización de la actividad.

Finalmente, hay que recordar que desde 1 de enero de 2023 está en vigor el nuevo sistema de cotización introducido por el Real Decreto Ley 13/2022, por lo que el autónomo deberá reflejar su previsión de ingresos y establecer la base de cotización dentro del tramo que le corresponda.

- **Trabajadores Autónomos del Régimen Especial del Mar:**

  Desde aquí podremos dar de alta o baja a trabajadores en régimen especial del Mar por cuenta propia, acceder al informe de datos de cotización RETM o realizar la solicitud de base reducida por pluriactividad RETM.

  Los trámites deben realizarse en los mismos plazos que los indicados para el Régimen Especial de Trabajadores por cuenta propia o autónomos.

- **Sistema Especial para empleados de Hogar del Régimen General:**

  A través de este servicio se formaliza el alta del empleado en el Sistema Especial. Es necesario informar de los datos relativos al empleador, al empleado de hogar y a la relación laboral.

Otros datos imprescindibles para formalizar el alta son: el IBAN de la cuenta bancaria en la que se cargarán los adeudos por las cuotas de Seguridad Social, el número de Seguridad Social (NUSS) del empleado de hogar y el Código Cuenta de Cotización del empleador (C.C.C.).

El trámite del alta puede realizarse hasta 60 días antes del alta.

El plazo para comunicar la Baja es de tres días siguientes a la finalización de la actividad.

1.2.2. Red Directo Inscripción y Afiliación Real

Con la selección de la opción de Red Directo Inscripción y Afiliación Real aparece una pantalla con varios submenús que muestra todos los servicios disponibles.

Esta pantalla nos permite seleccionar la opción que se desee dentro de los módulos siguientes:

▶ **Trámites Trabajadores**. Dentro de este menú se accede a la actuación que se quiera realizar (altas, bajas, modificaciones...).

▶ **Trámites CCC.** Nos permite realizar trámites respecto un CCC (solicitar la Inscripción y Asignación de un CCC, modificar el domicilio de un CCC...).

▶ **Consultas**. Se visualiza en la pantalla, en tiempo real, datos de trabajadores o empresas en función de la consulta seleccionada.

▶ **Informes**. Se solicitan informes que el usuario puede imprimir con validez jurídica (huella electrónica). Sólo se podrán solicitar informes para trabajadores que hayan figurado en alta en los Códigos de Cuenta de Cotización de la empresa, y únicamente durante los periodos que estuvieron en alta

1.3. Cotización Online

1.3.1. Cotización RETA

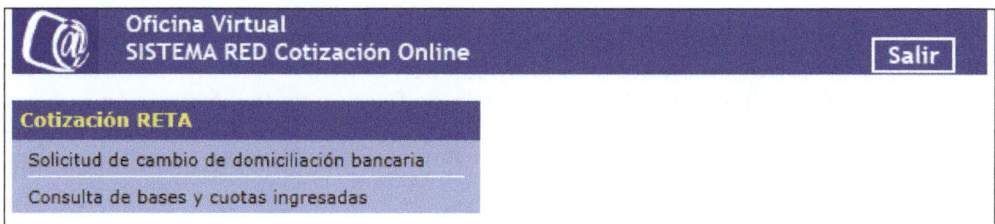

Para poder acceder a cualquiera de estas funcionalidades, además de estar debidamente autorizado al Sistema RED, dicho autorizado debe tener asignado el Número de Afiliación del trabajador al que se intenta dar de baja o alta en RETA.

La segunda opción nos permite consultar online las bases de cotización y las cuotas de Seguridad Social ingresadas desde 1999 y obtener un informe en formato pdf.

En la **pantalla inicial** debemos introducir el número de Seguridad Social del trabajador autónomo y el año del que se desea obtener el informe.

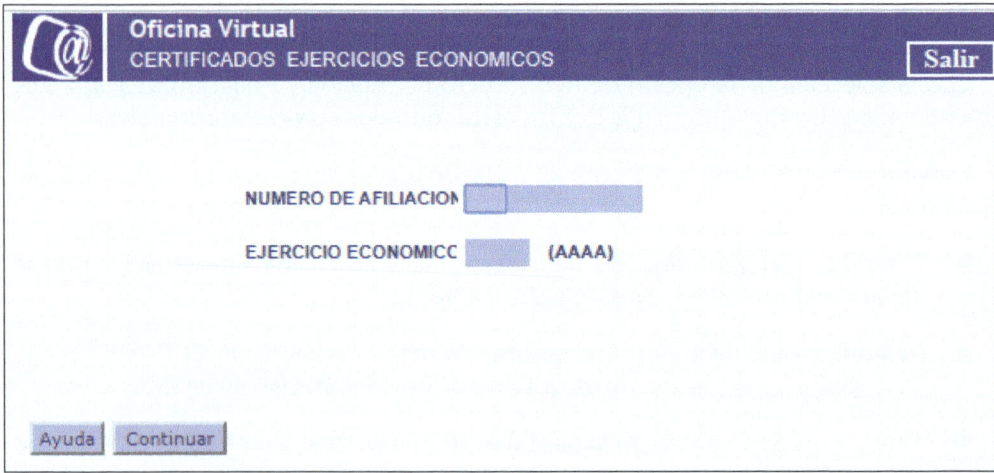

Al darle a Continuar aparece una pantalla con todos los datos identificativos que figuran en el Fichero General de Afiliación y las bases y cuotas correspondientes al período seleccionado.

1.3.2. Cotización SLD remesas

Desde este menú se accede al conjunto de servicios disponibles en el Sistema de Liquidación Directa.

El Sistema de Liquidación Directa se caracteriza por un cálculo individualizado de la cotización correspondiente a cada trabajador, dentro del código de cuenta de cotización en el que figure en alta y elaborado en función de la información que ya obra en poder de la Tesorería General de la Seguridad Social, y de aquella otra que ha de ser proporcionada por el sujeto responsable del cumplimiento de la obligación de cotizar.

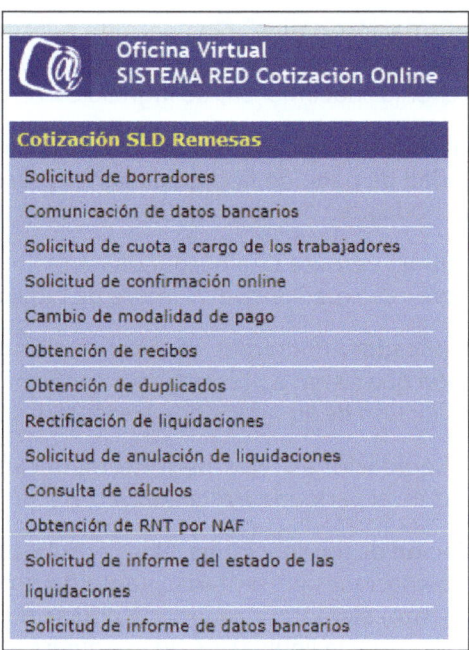

- **Solicitud de borradores.** Este servicio de solicitud de borradores nos permite a los usuarios solicitar hasta el penúltimo día del mes de presentación el borrador de la Relación Nominal de Trabajadores, así como el Documento de Cálculo con los cálculos de la liquidación.

- **Comunicación de datos bancarios.** A través de este servicio se pueden realizar los trámites para:

    ⇨ Introducir a cada código de cuenta de cotización los datos bancarios de:

    ▶ Cargo en cuenta.

    ▶ Saldo acreedor.

    ⇨ Modificar dichos datos bancarios.

    ⇨ Eliminar en cada código de cuenta de cotización el número de cuenta banca-ria de la modalidad Cargo en Cuenta, comunicada a través de este servicio.

- **Solicitud de cuota a cargo de los trabajadores.** Esta cuota forma parte de lo que la Seguridad Social considera cuota inaplazable (conformada por la cuota obrera más el líquido de accidentes de trabajo) y puede obtenerse una vez la liquidación esté confirmada.

- **Solicitud de confirmación online.** Nos permite solicitar la confirmación de cualquier liquidación presentada tanto dentro como fuera de plazo reglamentario, a fin de obtener los documentos de ingreso correspondientes.

- **Cambio de modalidad de pago.** En este servicio se permite al Autorizado RED cambiar la modalidad de pago de las liquidaciones presentadas en plazo, que permiten tanto la modalidad de Cargo en Cuenta como pago electrónico.

- **Obtención de recibos.** Permite una búsqueda de recibos mediante el Código de Cuenta de Cotización o mediante el Número de Liquidación.

- **Obtención de duplicados.** Podremos obtener duplicados del RNT y RLC de cualquier liquidación que se haya presentado y confirmado, pudiendo obtener estos documentos incluso de liquidaciones presentadas 6 meses atrás.

- **Rectificación de liquidaciones.** Nos permite rectificar liquidaciones previamente confirmadas en el periodo de recaudación en curso.

- **Solicitud de anulación de liquidaciones.** Nos permite a los usuarios solicitar la anulación de las liquidaciones presentadas, tanto dentro como fuera de plazo, en cualquier momento, siempre y cuando la anulación se solicite dentro del período de recaudación de la liquidación que se quiera anular.

- **Consulta de cálculos.** Es un servicio común para los usuarios del Sistema de Liquidación Directa y de RED Directo y estará disponible tanto para el usuario principal de una autorización como para sus usuarios secundarios, en el que se nos permite consultar las liquidaciones tanto en el mes de presentación (totales como parciales y con independencia de que estén o no confirmadas) como en un mes posterior al de la presentación (liquidaciones confirmadas, totales o parciales, así como las liquidaciones deudoras).

- **Obtención de RNT por NAF.** Nos permite solicitar la emisión de un documento con la información de la RNT de la liquidación para un trabajador determinado, siempre y cuando dicha liquidación esté confirmada y vigente.

- **Solicitud de informe del estado de las liquidaciones.** Aquí veremos información sobre las liquidaciones presentadas dentro del mes de la solicitud, en plazo o fuera de plazo, así como de aquellas no presentadas en el momento de la consulta sobre las que el Sistema conozca la obligación de presentación en el mes actual.

  El estado no presentadas se mostrará en el informe a partir del día 10 de cada mes.

- **Solicitud de informe de datos bancarios.** Nos permite comprobar de todos los CCC que tenemos asignados a nuestra Autorización de RED cuáles de ellos tienen informados los Datos Bancarios para el Cargo en Cuenta de los Seguros Sociales.

1.3.3. Cotización RED Directo

El sistema RED Directo, es parte del Sistema de Liquidación Directa y en materia de cotización, RED Directo nos permite cumplimentar y presentar los documentos de cotización a través de Internet, y también obtener la Relación Nominal de Trabajadores y el Recibo de Liquidación de Cotizaciones.

Las acciones que se pueden realizar son las siguientes:

▶ Cumplimentación y presentación de las Relaciones Nominales de Trabajadores para los siguientes tipos de liquidaciones:

• **Liquidaciones en plazo:**

⇨ L00 – Liquidación ordinaria en periodo reglamentario de ingreso.

⇨ L02 – Liquidación complementaria por situaciones asimiladas al alta correspondientes a salarios de tramitación.

⇨ L13 – Liquidación complementaria por situaciones asimiladas al alta correspondientes a vacaciones retribuidas y no disfrutadas.

⇨ L03 – Liquidación complementaria por incremento de bases derivadas de abono de salarios con carácter retroactivo.

Recuerde que el plazo de presentación de la liquidación y el plazo reglamentario de ingreso no es coincidente. El plazo de presentación para liquidaciones de RED Directo finalizará a las 23:59 del penúltimo día natural del mes (hora peninsular) mientras que el plazo reglamentario de ingreso finalizará a las 23:59 del último día natural del mes (hora peninsular). Por tanto, el último día natural del mes no se permite la presentación, pero sí se permite el ingreso de las cuotas.

• **Liquidaciones fuera de plazo:**

⇨ L02 – Liquidación complementaria por situaciones asimiladas al alta correspondientes a salarios de tramitación.

⇨ L13 – Liquidación complementaria por situaciones asimiladas al alta correspondientes a vacaciones retribuidas y no disfrutadas.

⇨ L03 – Liquidación complementaria por incremento de bases derivadas de abono de salarios con carácter retroactivo.

⇨ L90 - Liquidación complementaria por incremento de bases.

⇨ L91 – Liquidación complementaria por nuevos trabajadores y/o tramos de liquidaciones ordinarias.

Recuerda que el plazo de presentación de la liquidación y el plazo reglamentario de ingreso no es coincidente. El plazo de presentación para liqui-

115

daciones de RED Directo finalizará a las 23:59 del penúltimo día natural del mes (hora peninsular), mientras que el plazo reglamentario de ingreso finalizará a las 23:59 del último día natural del mes (hora peninsular). Por tanto, el último día natural del mes no se permite la presentación, pero sí se permite el ingreso de las cuotas.

▶ Obtener el Documento de Cálculo de la Liquidación y el Borrador de la Relación Nominal de Trabajadores.

▶ Confirmar la liquidación y obtener el Recibo de Liquidación de Cotizaciones calculado por la TGSS para su ingreso a través de las modalidades de cargo en cuenta o de pago electrónico.

▶ Realizar actuaciones sobre el recibo obtenido en la confirmación (cambiar la modalidad de pago elegida, cambiar el número de cuenta bancaria) o solicitar recibos de cotización diferentes a los obtenidos en la confirmación (recibos por la cuota a cargo de los trabajadores, por la cuota total o por la cuota empresarial, recibos por diferencias), así como solicitar duplicados de recibos emitidos.

▶ Rectificar la liquidación confirmada.

▶ Consultar los cálculos de la liquidación.

▶ Anular liquidaciones presentadas durante el periodo de presentación en curso: este servicio permite anular liquidaciones presentadas durante el periodo de presentación independientemente de si se encuentran en estado borrador o confirmadas. La anulación se permite hasta las 23:59 (hora peninsular) del último día natural del mes. Para liquidaciones confirmadas con Cargo en cuenta, si la anulación se realiza con posterioridad al cierre de cargo en cuenta el adeudo no podrá ser anulado.

▶ Obtener Recibos de Liquidación de Cotizaciones de meses anteriores para su ingreso con recargo.

▶ Solicitud de cambio de domiciliación bancaria (RETA).

▶ Consulta de Bases y Cuotas Ingresadas (RETA).

▶ Solicitar un certificado de estar al corriente en las obligaciones de la Seguridad Social.

Modalidades de pago en Red Directo

- **Domiciliación o cargo en cuenta:** es un sistema mediante el cual podrán abonar las cuotas de Seguridad Social domiciliando su pago en la entidad y cuenta que haya introducido por el Servicio de Comunicación de Datos Bancarios.

- **El Pago Electrónico**: es una modalidad de ingreso basada en la emisión de un "Recibo de Liquidación de Cotizaciones" resultado del cálculo de las cotizaciones realizado por la Tesorería General de la Seguridad Social. En este recibo consta la cabecera de datos para el Pago Electrónico, que nos permite a las empresas o profesionales realizar el ingreso de sus cuotas mediante diferentes canales de pago (cajeros automáticos, banca telefónica o banca a través de Internet o en oficinas bancarias).

  Esta modalidad de pago supone la eliminación del documento de cotización TC1, y además se evitan posibles errores ya que el cálculo de la liquidación es automático y lo realiza la TGSS.

  Una vez hemos incorporado las bases de cotización, y pulsando el botón Calcular, el sistema efectúa el cálculo de las cuotas permitiendo acceder a los cálculos realizados, así como descargar el Documento de cálculo de la liquidación y un Borrador de la Relación Nominal de Trabajadores. Si estamos de acuerdo con el importe de la liquidación, pulsando el botón Continuar aparecerá una pantalla donde podremos seleccionar la Modalidad de Pago de pago electrónico.

  Seleccionando la opción de Pago Electrónico y pulsando Confirmar Liquidación, obtendremos el Recibo de liquidación de Cotizaciones en formato pdf para pagar en ventanilla, cajero automático, banca telefónica, etc.

1.3.4. Gestión de Deuda

Para facilitar la máxima información posible relativa a las deudas de las empresas gestionadas por los usuarios del Sistema Red y posibilitar el conocimiento del importe de las mismas y el ingreso de estas sin necesidad de acudir a las Administraciones de la Seguridad Social o Unidades de Recaudación, la TGSS (a través del Sistema RED Online) dispone de un menú de Gestión de Deuda con los siguientes servicios:

⇨ **Certificado de estar al corriente en las obligaciones de la Seguridad Social.** Se podrán emitir certificados de estar al corriente en las obligaciones de la Seguridad Social, correspondientes a empresas o trabajadores autónomos con obligación de cotizar.

⇨ **Autorización Certificado Art. 42 Est. Trab.** Los autorizados RED que gestionan empresas subcontratadas pueden autorizar a la Tesorería General de la Seguridad Social a ceder información a las empresas por las que van a ser contratadas sobre si se encuentra al corriente de pago en las cuotas de Seguridad Social.

La obtención de este certificado exime a la empresa contratista de asumir cualquier tipo de responsabilidad subsidiaria sobre las posibles deudas de la empresa subcontratada.

⇨ **Relación de trabajadores asociados a documentos de deuda.** Podremos obtener información de los trabajadores asignados a nuestro autorizado RED, a los que se emite deuda en concepto de "Descubierto Parcial. Error en datos de cotización", correspondiente a deducciones (Bonificaciones/Reducciones) practicadas en los documentos de cotización y respecto de los que no consta información en el Fichero General de Afiliación sobre el derecho a las mismas.

1.3.5. Gestión de Deuda Red Directo

En este caso, las transacciones de deuda están en el menú "Gestión de Deuda Red Directo", situada en la sección "Servicios R.E.D." en el apartado "Cotización Online".

Los servicios disponibles son los mismos que para usuarios de RED Internet.

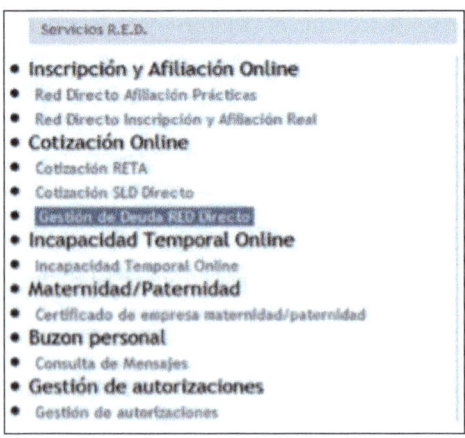

1.3.6. Cotización Seguro Escolar

La recaudación de las cuotas del Seguro Escolar que deben abonar los estudiantes menores de 28 años matriculados en enseñanzas oficiales desde 3º ESO a tercer ciclo universitario se efectúa a través de los centros docentes conjuntamente con el importe de la matrícula correspondiente al curso escolar.

De cara a facilitar a los Centros Educativos el ingreso de las cuotas de Seguro Escolar y la presentación de la Relación de alumnos matriculados, se han creado en Sistema RED on line (tanto para autorizados RED Internet, como para RED Directo y Sistema de Liquidación Directa), y en la sede electrónica (SEDESS) los siguientes servicios:

1. Presentación de la relación de alumnos matriculados. Este servicio se ha diseñado para que los Centros Educativos puedan presentar telemáticamente la relación de alumnos matriculados.

2. Emisión de recibos de liquidación de cuotas de Seguro Escolar.

Este servicio permite al centro educativo obtener un recibo de liquidación de cuotas de seguro escolar para su posterior ingreso mediante pago electrónico en cualquier entidad financiera.

El acceso a través del Sistema RED online deberá realizarse por una autorización RED a la que previamente el centro educativo haya autorizado a realizar la gestión de ambos servicios.

El acceso a través de SEDESS se realizará por el propio centro educativo que será quien gestione para sí mismo ambos servicios, siempre que se identifique a través de certificado digital.

Con el fin de facilitar a los usuarios la consulta de los recibos de liquidación de cuotas de Seguro Escolar obtenidos, tanto a través de la oficina virtual del Sistema RED como de la sede electrónica (SEDESS), se ha creado el servicio de "Consulta de Recibos de liquidación de cuotas de Seguro Escolar emitidos".

1.4. INCAWEB (Gestión On-Line de Partes de Incapacidad Temporal)

Del mismo modo que podemos actuar con la presentación de documentos de afiliación, también se nos permite la tramitación de los partes médicos.

INCAWEB es una aplicación incluida dentro del Sistema RED online, que permite a las empresas gestionar los partes de Incapacidad Temporal de sus trabajadores.

El acceso al Sistema RED está limitado a personas autorizadas y las autorizaciones de cuentas de cotización (CCC). También existe un control entre la persona que accede y los CCC sobre los que puede actuar.

En este ámbito de actuación podremos realizar las siguientes acciones:

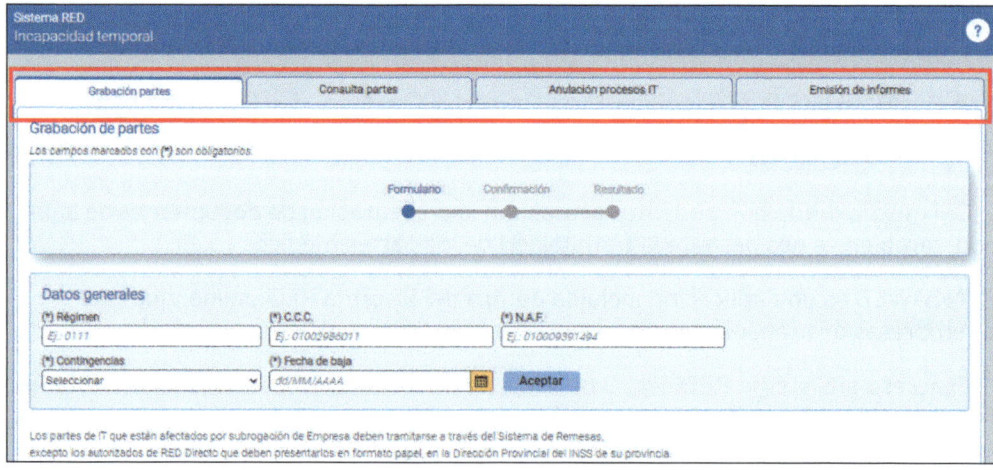

Grabación de partes. Nos permite la tramitación de los siguientes partes de Incapacidad Temporal, tanto derivados de contingencias comunes como de contingencias profesionales.

▶ Partes de alta médica (PA).

▶ Partes de baja médica (PB).

▶ Partes de confirmación (PC).

Consulta de partes. Nos permite realizar la consulta de todos los partes de IT enviados por los usuarios a través de RED.

Anulación procesos IT. Nos permite realizar la anulación de los partes de IT enviados por error a través de RED.

Emisión informes. Nos permite la obtención e impresión de informes con los datos de partes enviados a través de RED.

 En esta materia, hay que tener en cuenta que desde el día 1 de abril de 2023 el trabajador ya no debe aportar los partes a la empresa, debiendo esta facilitar a la entidad gestora los datos que ésta le reclame en cada proceso de IT.

La falta de partes médicos en papel se suple a través de la información contenida en FIER.

Por medio de la opción "Consulta de Fichero INSS" se accederá a la aplicación FIER. La aplicación FIER permite la búsqueda por rango de fechas y la posterior descarga del Fichero INSS Empresas (FIE).

El FIE permite a las empresas conocer la información que existe en las bases de datos del Instituto Nacional de la Seguridad Social (INSS) sobre las variaciones que experimenten las prestaciones reconocidas a los trabajadores de la empresa: prestaciones de nacimiento, riesgos, jubilación, incapacidad permanente y, también, incapacidad temporal.

El FIER es un servicio alternativo a la descarga del fichero FIE a través de SILTRA para aquellos autorizados RED que no disponen de esta última herramienta, así como para los usuarios secundarios de una autorización RED.

El aplicativo está disponible para cualquier usuario de una autorizado RED (tanto de RED DIRECTO como de RED Sistema de Liquidación Directa) y permitirá descargar en formato Excel la información.

ACRASS-ACREDIT@. Gestión de Incidencias WEB

ACRASS es un servicio accesible a través de Internet, destinado a aquellos usuarios que dispongan de un certificado digital y estén autorizados al Sistema Red de la Tesorería General de la Seguridad Social. Este servicio permite automatizar la gestión de incidencias Acredita relacionadas con IT (Incapacidad Temporal), NYCM (Nacimiento y Cuidado del menor), RE (Riesgo durante el embarazo), RL (Riesgo durante la lactancia), CL (Corresponsabilidad durante la lactancia) y CM (Cuidado del menor afectado por cáncer), de una manera más ágil y eficaz.

A través de este servicio se pueden dar de alta incidencias, añadiendo las observaciones oportunas a estas y adjuntando la documentación que se precise, y consultar estas para conocer el estado en que se encuentran en su gestión o tramitación. Asimismo, se pueden visualizar, descargar e imprimir los informes o justificantes correspondientes a las altas de las incidencias.

1.5. Transferencia de ficheros

Consulta descarga acuses técnicos

Consulta descarga de ficheros

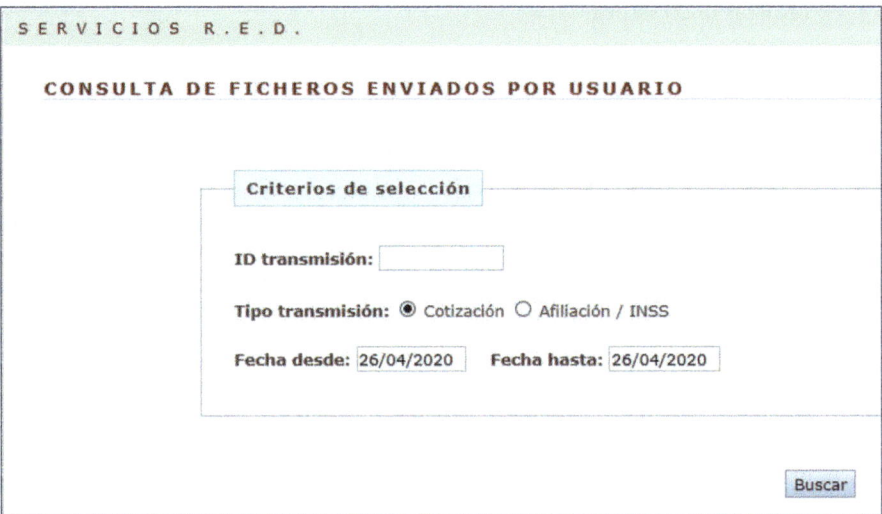

1.6. Gestión de autorizaciones

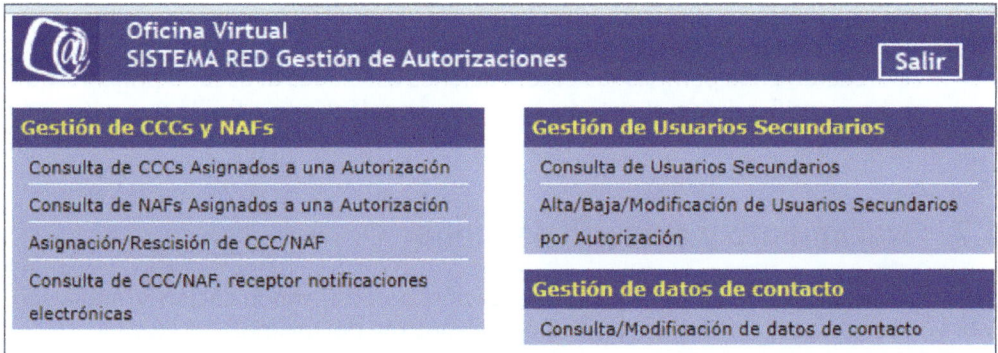

⇨ **Gestión de CCS y NAFs:**

a) **Consulta de CCCs Asignados a una Autorización:** para consultar todos los Códigos de Cuenta de Cotización que se encuentran asignados a la autorización en el momento de realizar la consulta.

b) **Consulta de NAFs asignados a una Autorización:** para consultar todos los NAFs que se encuentran asignados a la autorización en el momento de realizar la consulta.

c) **Asignación/Rescisión de CCC/NAF:** el usuario principal podrá solicitar la asignación de CCCs y NAFs, así como rescindir CCCs o NAFs que tenga asignados.

d) **Consulta de CCC/NAF.** Receptor notificaciones electrónicas: obtener un informe o consultar los Códigos de Cuenta de Cotización o Números de Afiliación a la Seguridad Social de los cuales el autorizado RED es receptor de notificaciones electrónicas como consecuencia de dicha condición de autorizado RED.

⇨ **Gestión de Usuarios Secundarios**

- **Consulta de usuarios secundarios:** el usuario principal podrá consultar todos los usuarios secundarios de su autorización, tanto los que están de alta como los que están en situación de baja.

- **Alta/Baja/Modificación de usuarios secundarios por autorización:** el usuario principal podrá dar de alta a nuevos usuarios secundarios, además de modificar los datos o dar de baja a sus usuarios actuales.

⇨ **Gestión de datos de contacto**

Aparecerán en la pantalla las autorizaciones asociadas al usuario principal que se ha identificado en el sistema para que se seleccione aquella que se quiere consultar o modificar.

1.7. Nacimiento y cuidado de menor

La aplicación RECEMA permite la realización de alta, modificación y anulación sobre un certificado, así como la impresión del informe del mismo.

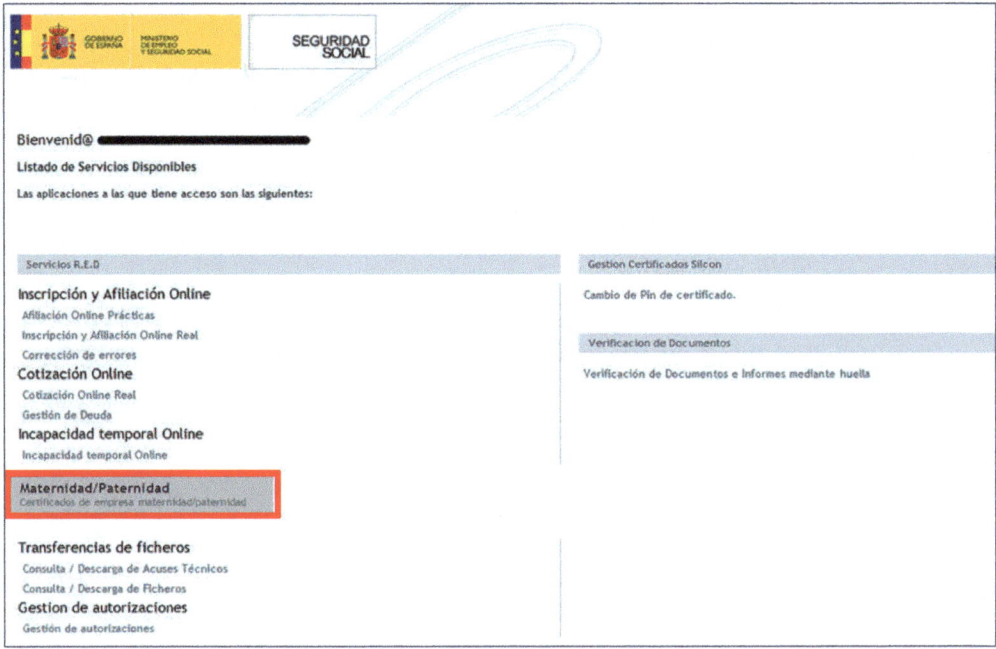

La aplicación dispone de una funcionalidad de búsqueda que nos permite localizar mediante ciertos criterios el certificado que se quiere consultar, modificar o anular.

La aplicación ofrece las distintas funcionalidades mediante un sistema de pestañas:

⇨ **Grabar certificado**

Donde introduciremos los datos generales. Después de darle a "validar", el sistema comprobará que todos los datos introducidos son correctos, sabiendo que la fecha de inicio de la prestación no podrá ser superior a la del día de la grabación y que, si existe un certificado grabado previamente con los mismos datos y misma fecha de inicio de la prestación, no dejará seguir adelante.

Una vez terminado este proceso, meteremos los datos de la prestación, donde cumplimentaremos las fechas de inicio y fin del primer y sucesivos periodos de disfrute del descanso.

 Se cumplimentará únicamente el primer periodo, en el caso de desear disfrutar el descanso ininterrumpidamente, al que no se podrá aplicar parcialidad.

Si se desea disfrutar el descanso interrumpidamente o con parcialidad debemos cumplimentar el periodo inicial y, al menos, un periodo sucesivo.

Debemos cumplimentar las bases de cotización de los últimos meses que falten para completar los valores que ya se encuentren registrados.

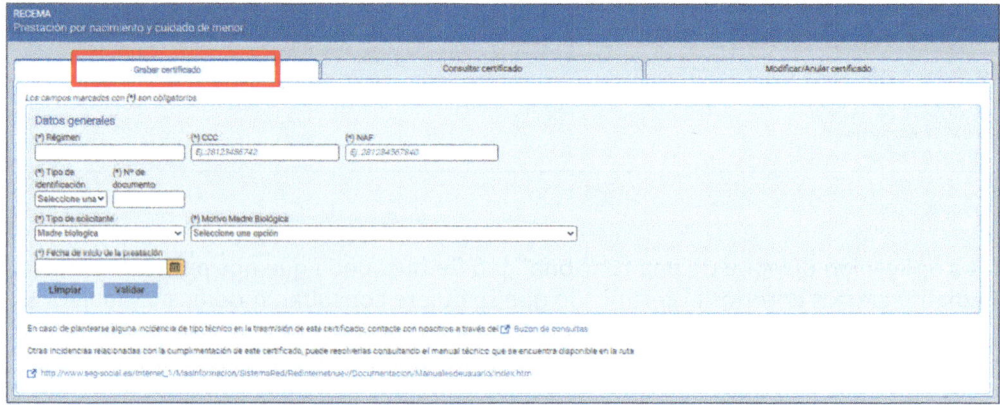

⇨ **Consultar certificado.**

En la tabla de resultados, la columna "Estado" indica si el estado del certificado ha variado después de su incorporación. De modo que podrán aparecer los valores "Modificado", "Anulado" o puede estar vacío si no ha habido ninguna variación.

⇨ **Modificar/Anular certificado.**

Se podrá modificar o anular el certificado desde el día siguiente de su grabación o última modificación, y siempre que dicho certificado no haya sido utilizado por la entidad gestora para resolver el expediente, en cuyo caso no podrá modificarse ni anularse.

2. Sistema de liquidación directa (SILTRA)

2.1. Introducción

Los autorizados RED deben disponer de un Programa de nóminas adaptado al uso del Sistema RED, así como de la aplicación SILTRA, proporcionada por la Seguridad Social, para poder llevar a cabo la presentación de los documentos de las series TC2 y solicitud de una de las modalidades de pago ofrecidas por la TGSS.

SILTRA es una aplicación que permite el intercambio de ficheros de cotización (XML), afiliación e INSS entre el usuario y la TGSS mediante certificado digital, en el Sistema de Liquidación Directa.

Al entrar en la aplicación aparece el siguiente menú:

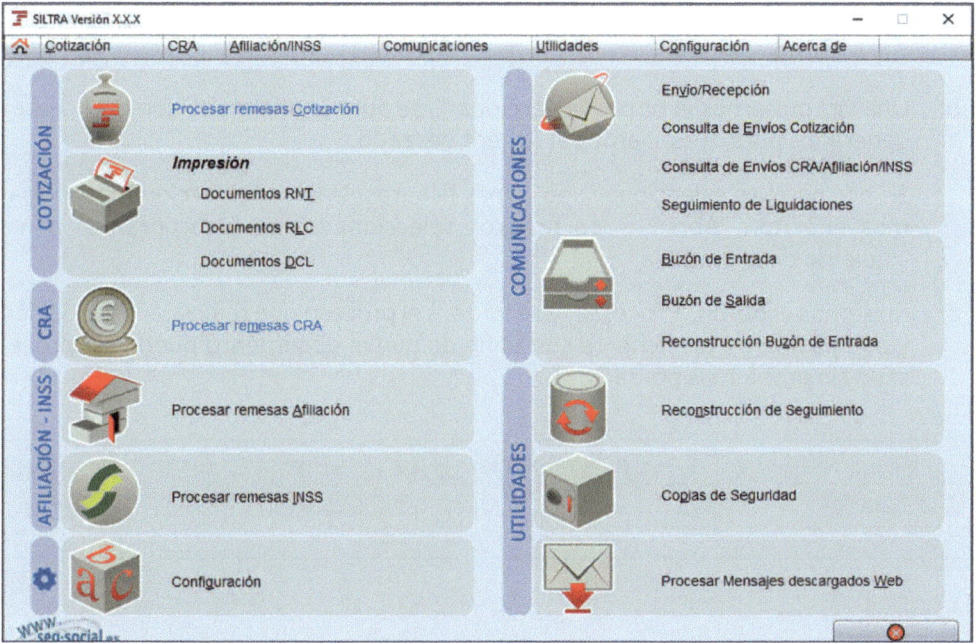

2.2. Cotización

2.2.1. Procesar remesas de cotización

Esta opción nos permite seleccionar y validar los ficheros XML a enviar a la Tesorería General de la Seguridad Social.

Como usuario, mediante nuestro programa de nóminas, generamos cualquiera de los ficheros (*.xml) relacionados con la cotización a través del Sistema de Liquidación Directa.

El nombre externo del fichero no podrá llevar acentos ni contener ninguno de los siguientes caracteres: \ /^ | # ? ' " ` · ¿ ¡ < > {} *.

a) Los ficheros de cotización que hemos generado con el programa de nóminas deben ser validados y adaptados antes de su envío.

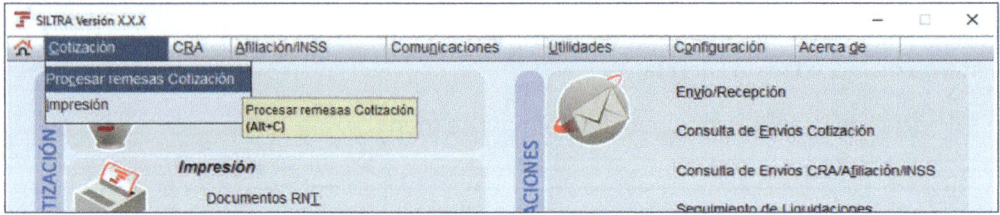

b) Una vez pulsamos el botón "seleccionar", se abre una ventana con los ficheros generados para que elijamos el fichero deseado.

Se nos permite seleccionar uno o más ficheros. Una vez seleccionados, pulsamos el botón "Abrir" y los ficheros seleccionados se incorporan al panel izquierdo de la pantalla.

c) Pulsamos el botón "Procesar" y se iniciará el proceso que realizará la validación y adaptación de los ficheros con el fin de que el documento pueda ser procesado sin problemas por la TGSS.

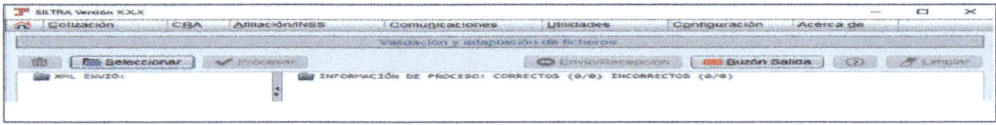

d) Si existen errores nos aparecerá el siguiente mensaje:

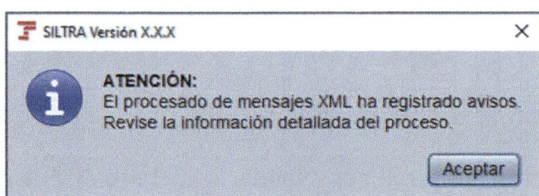

e)   Dándole a "Aceptar", los errores aparecerán en la parte derecha de la pantalla:

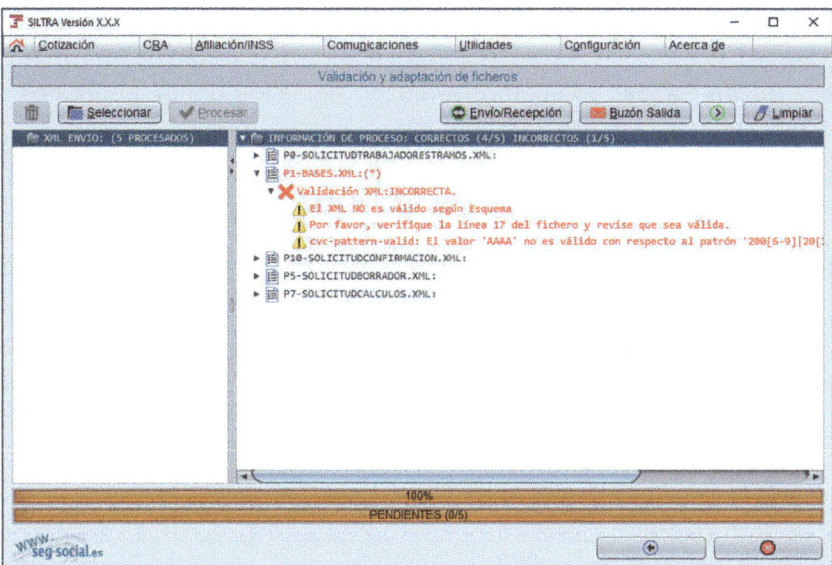

f)   Si el proceso de validación ha resultado correcto, veremos aparecer el siguiente mensaje:

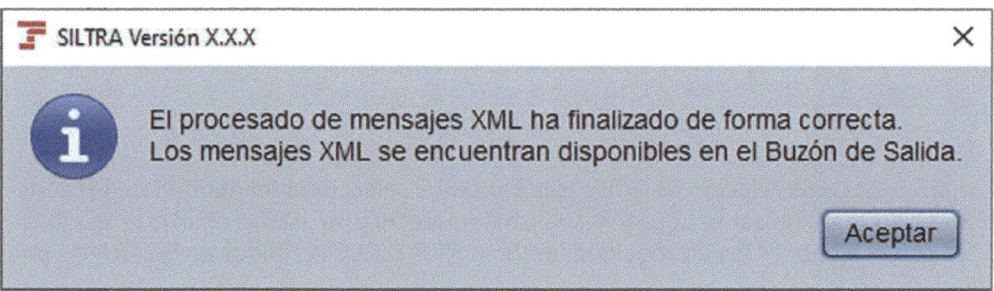

   Si hemos elegido la configuración de "Validación, adaptación y envío", tras pulsar el botón "Aceptar" se iniciará automáticamente el proceso de envío y recepción de ficheros sin necesidad de tener que pulsar el botón "Envío/Recepción" y se nos solicitará la autentificación del usuario mediante el uso del Certificado Digital para realizar el envío.

g) Desde la siguiente pantalla podremos realizar los siguientes movimientos:

▶ **Envío/Recepción**: continuar con el envío de los ficheros procesados correctamente.

▶ **Buzón Salida:** accedemos al buzón de salida donde podremos ver los ficheros pendientes de envío.

▶ **Expandir/Contraer**: expande y contrae la información mostrada como resultado del proceso de validación y adaptación de los ficheros.

▶ **Limpiar**: borra el panel derecho, en el que se nos muestra el resultado del procesamiento de los ficheros.

2.2.2. Impresión

Nos permite realizar la impresión de documentos de cotización que hemos recibido a través de SILTRA:

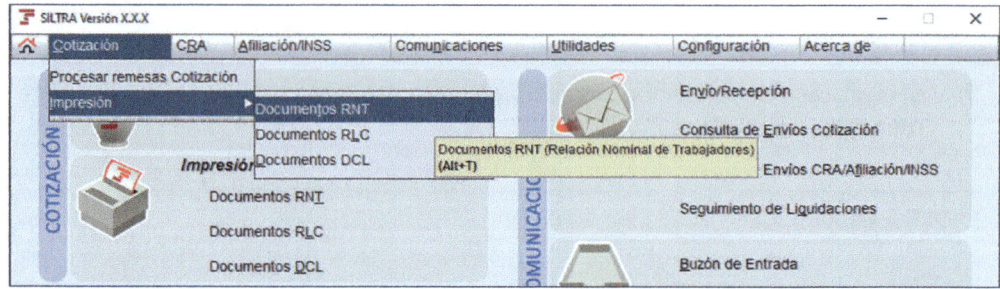

Para conocer la relación de empresas debemos seleccionar el período de recaudación deseado. Al pulsar el botón "Visualizar" aparecerá un listado en el que se identifican con el icono los últimos documentos RNT o RLC recibidos en SILTRA de una liquidación.

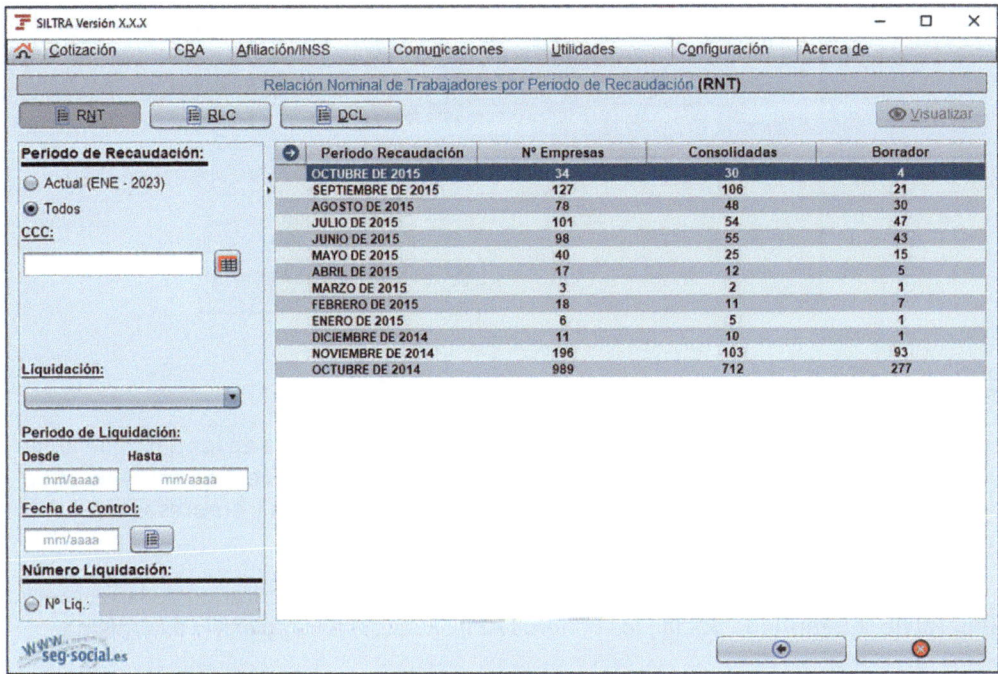

Para visualizar e imprimir de manera individual un documento RNT o RLC debemos hacer clic con el ratón en la fila del documento que deseamos imprimir. A continuación, marcaremos la fila con el icono 🖶 en la columna "*".

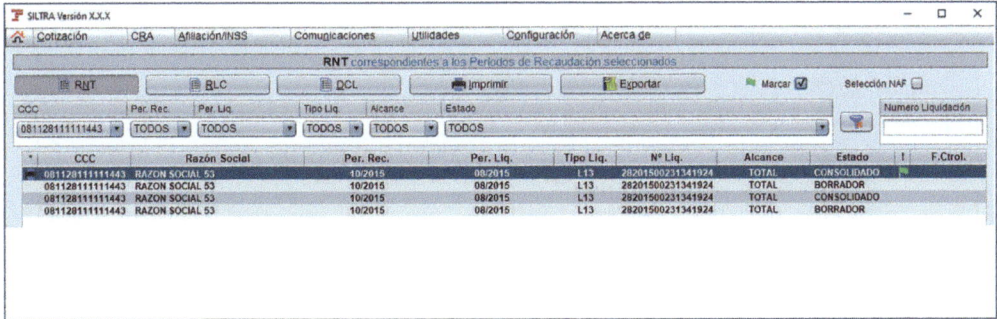

Para imprimir el documento seleccionado debemos pulsar el botón "Imprimir". Aparecerá la siguiente ventana, en la que estableceremos la ruta donde queremos guardar el documento:

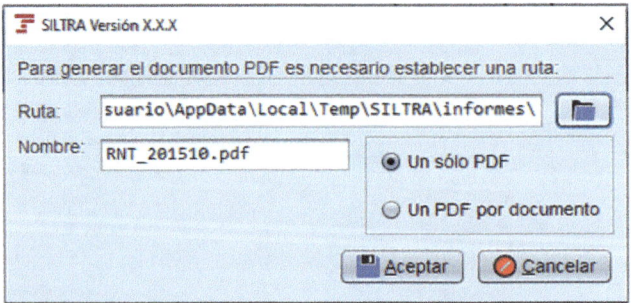

2.3. Afiliación

Nos permite realizar altas y bajas de trabajadores, variaciones en los datos de afilia-ciNos permite realizar altas y bajas de trabajadores, variaciones en los datos de afiliación de los mismos, así como obtener datos de los trabajadores y empresas mediante consultas e informes.

Desde aquí podremos crear, seleccionar y validar, según los criterios de la Tesorería General de la Seguridad Social, los ficheros AFI/CRA/CFA para su envío a la misma.

Podemos acceder a este menú desde la pantalla principal de SILTRA seleccionando la opción "Procesar remesas afiliación", que se encuentra ubicada dentro del apartado "Afiliación/INSS":

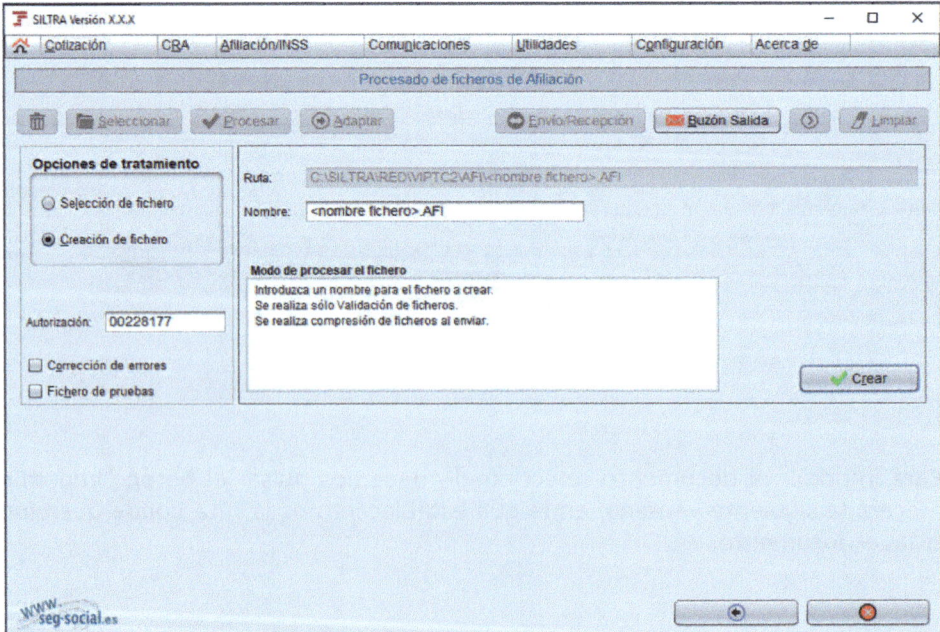

a)   Primero elegiremos si queremos crear un nuevo fichero o seleccionar un fichero ya existente.

b)   Una vez creado el fichero, aparecerá una pantalla que nos permite elegir entre dejar el fichero preparado para su posterior envío, guardar el fichero sin prepararlo, ya que nos permite almacenar el fichero generado mediante SILTRA en la carpeta AFI o, salir sin grabar el fichero.

Después de la adaptación del fichero .afi, este queda convertido en un fichero con extensión .msj que se almacena en el subdirectorio MSJENV de la bandeja de salida de mensaje para que en la próxima conexión a la TGSS sea enviado.

c)   Seleccionando una de estas opciones, al pulsar el botón "Siguiente", comenzará el proceso de validación y adaptación del envío.

2.4.   INSS

Desde aquí crearemos, seleccionaremos y validaremos (según los criterios de la TGSS) los ficheros del INSS (ficheros *.FDI) para su envío a la Tesorería General de la Seguridad Social.

Nos permite realizar partes de IT de trabajadores (por cuenta ajena y autónomos), así como la gestión de certificados de nacimiento y cuidado de menor, riesgo por embarazo o lactancia natural y cuidado del menor con cáncer u otra enfermedad grave.

Accedemos a este menú desde la pantalla principal de SILTRA, seleccionando la opción "Procesar remesas INSS", que se encuentra ubicada dentro del apartado "Afiliación/INSS":

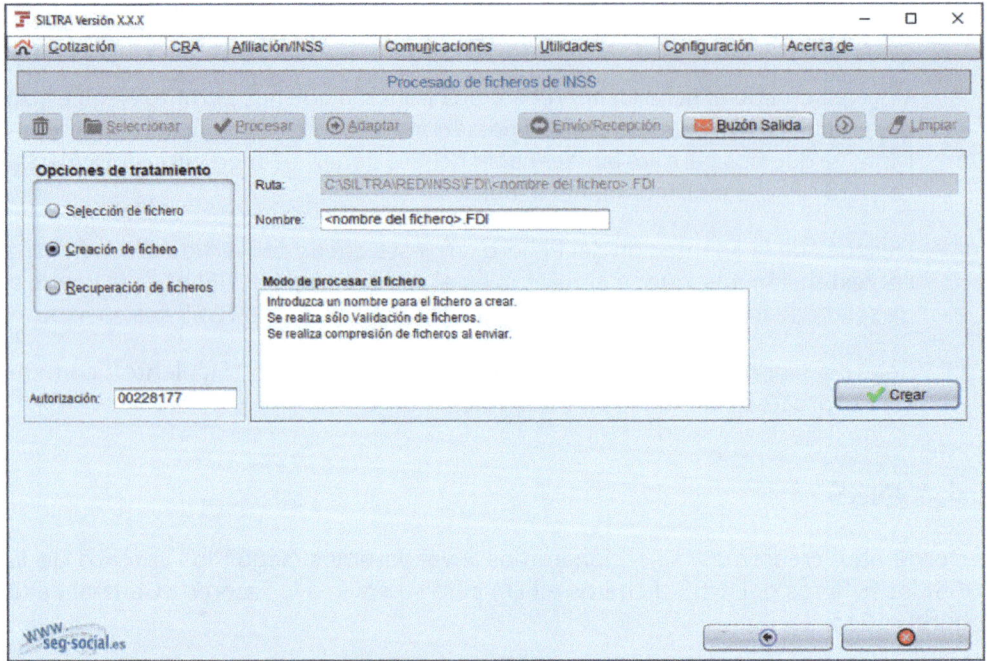

   Podremos seleccionar el fichero (creado previamente por el programa de nóminas) o crear el fichero desde el propio SILTRA e imprimir las respuestas. O recuperar los ficheros enviados previamente, siempre que se haya marcado la casilla "Copia de Seguridad FDI".

2.5. Configuración

El módulo de configuración nos permite modificar los parámetros de configuración inicial introducidos al ejecutar la aplicación.

Se puede acceder:

⇨ Desde la pantalla inicial de SILTRA, seleccionando la opción "Configuración", ubicada dentro del apartado "Ajustes".

⇨ Desde el menú superior de navegación superior, mediante la opción "Configuración / Propiedades".

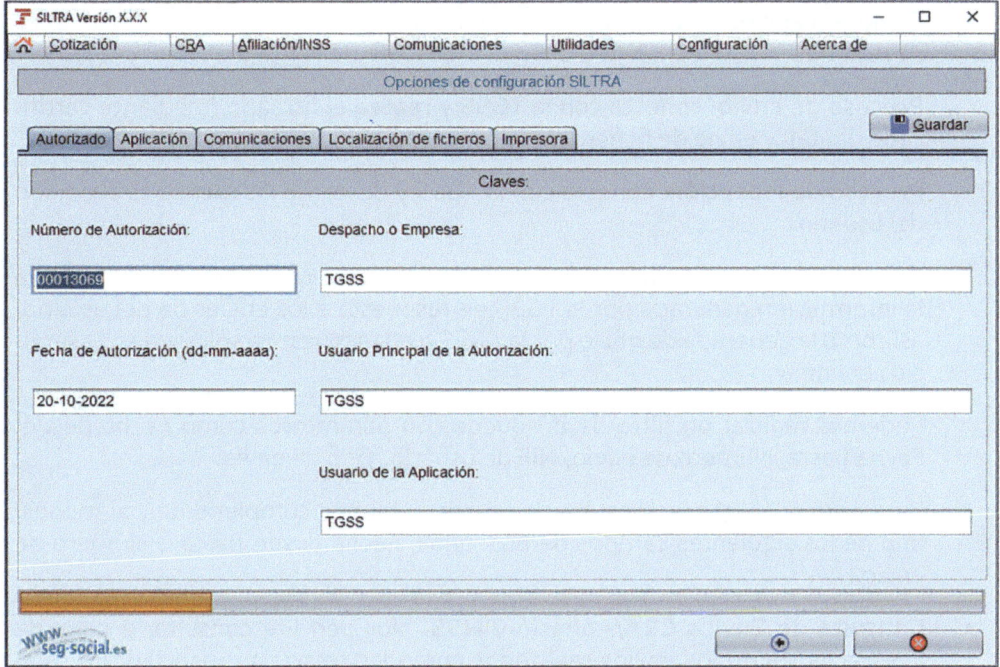

2.6. Comunicaciones y utilidades

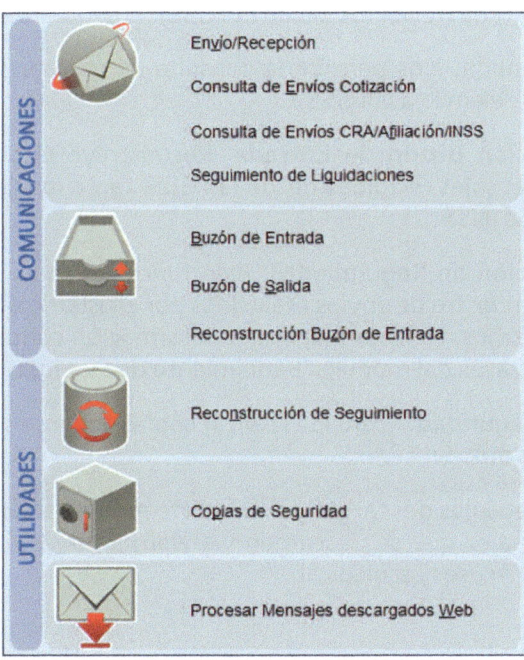

- **Envío/Recepción.** Nos permite el intercambio de ficheros con la TGSS a través de Internet.

  Proceso de envío: conecta con la TGSS y realiza el firmado (mediante certificado digital) y envío de ficheros.

  Proceso de recepción: conecta con la TGSS y descarga los mensajes al equipo del usuario.

- **Consulta de Envíos Cotización.** Esta funcionalidad nos permite consultar toda la información generada por la TGSS en respuesta a los envíos de del usuario, así como la generada de oficio por la TGSS o en respuesta a solicitudes de servicios online.

  Podemos realizar un filtro de búsqueda con parámetros como Fecha desde, Fecha hasta, Número de envío, NIF de usuario, Tipo de envío.

  Para poder realizar la consulta de envíos debemos cumplimentar, al menos, uno de los siguientes campos de búsqueda: Fecha desde-hasta o Número de envío.

- **Consulta de Envíos CRA/Afiliación/INSS.** Nos permite consultar a nivel de liquidación tanto los envíos realizados como las respuestas asociadas a cada uno de los mismos.

- **Seguimiento de Liquidaciones.** Nos permite la consulta de mensajes del buzón de entrada (recibidos desde la TGSS).

- **Buzón de Salida.** Nos permite la consulta de mensajes del buzón de salida (pendientes de envío a la TGSS).

- **Reconstrucción Buzón de Entrada.** Reconstruye el buzón de entrada con todos los mensajes recibidos desde la TGSS, tanto los de cotización como los de afiliación e INSS.

- **Reconstrucción de Seguimiento.** Esta funcionalidad nos permite la reconstrucción del registro de envíos realizados por el usuario y las respuestas asociadas a los mismos. De esta manera, la información contenida, y que se puede consultar a través del módulo "Seguimiento de Liquidaciones", será fiable.

- **Copias de Seguridad.** Posibilita realizar copias generales o parciales de seguridad en el entorno SILTRA.

- **Procesar Mensajes descargados Web.** Este módulo posibilita al usuario procesar los mensajes que se descargan vía web, a través del servicio "Consulta/ Descarga de Acuses Técnicos SLD".

El Sistema RED (Remisión Electrónica de Datos) es una plataforma online que pone la Tesorería General de la Seguridad Social a disposición de las empresas y profesionales para la comunicación en los procesos de afiliación, cotización y comunicación de partes de incapacidad temporal de los trabajadores.

Existen tres modalidades del Sistema RED:

⇨ **RED online**: el Sistema RED online es una plataforma que facilita la transmisión de documentos entre empresas y la Seguridad Social por Internet. Las empresas y determinados empresarios deben presentar solicitudes, realizar trámites y recibir notificaciones a través de este sistema.

⇨ **Sistema de Liquidación Directa**: es la opción más actualizada y general, ya que puede acceder cualquier empresa. Se caracteriza porque permite realizar un mayor número de gestiones y facilitar el cálculo de las cuotas correspondientes a cada trabajador a través de la información obtenida de la base de datos de la TGSS y de la información aportada por la empresa. Es necesario el uso de SILTRA. Y permite el intercambio de ficheros de cotización (XML).

⇨ **RED Directo**: es un servicio que ofrece la Tesorería General de la Seguridad Social a las pequeñas empresas, siempre que gestionen CCCs con un número no superior a 15 trabajadores en el momento de solicitar dicha autorización o hasta un máximo de 25 trabajadores si aumenta a lo largo de la vida del CCC.

UNIDAD DIDÁCTICA 4

Comunicación de contratos

Contenido & Objetivos

Introducción

1. **¿Qué es un contrato de trabajo?**

2. **Formalización de un contrato de trabajo**

3. **Período de prueba**

4. **Duración del contrato de trabajo**

5. **Derechos y obligaciones**

6. **El sistema de Contrat@**

Resumen

Los **objetivos** de esta unidad son:

1. Conocer qué es un contrato de trabajo.

2. Tipos de contratos.

3. Conocer el programa Contrat@.

Introducción

El Sistema Contrat@ es una aplicación facilitada por el Servicio Público de Empleo (SEPE), que se transformará en la Agencia Española de Empleo en los términos previstos en la Ley 3/2023, de Empleo. La íntima relación que existe entre el Servicio Público de Empleo y la Tesorería General de la Seguridad Social viene dada por la existencia de las cotizaciones sociales que nacen de la relación contractual entre las empresas y los trabajadores.

Existen diferentes tipos de contratos que nos permiten abarcar todo el elenco de situaciones que existen en el mundo laboral.

Dichas situaciones parten desde una relación contractual con carácter fijo a tiempo completo hasta los contratos eventuales de carácter indefinido o aquellos que facilitan la inserción de grupos en riesgo de exclusión del mundo laboral. Estos últimos tienen un diferente tratamiento a nivel de cotizaciones sociales.

La web facilita la comunicación de los contratos online. Permite a las empresas y empresarios que actúan en nombre propio, así como las empresas y profesionales colegiados que actúan en representación de terceros, comunicar el contenido de la contratación laboral a los Servicios Públicos de Empleo desde su propio despacho o sede profesional.

El sistema nos permite comunicar los datos de Contratos, Copias Básicas, Prórrogas, Llamamientos de fijos discontinuos y Pactos de horas complementarias, y puede hacerse por cualquiera de las tres opciones disponibles: a través de la comunicación de datos, a través del envío de ficheros XML o a través de Servicios Web.

La utilización de este servicio requiere disponer de una Autorización de los Servicios Públicos de Empleo. Para ello se debe cumplimentar una Solicitud de Autorización y presentarla con la documentación precisa en dichos Servicios Públicos. Una vez concedida la Autorización, se podrá acceder a Contrat@ con Certificado Digital o DNI electrónico, o con el Identificador de la Empresa y la clave personal que se asignó al realizar la Solicitud.

1. ¿Qué es un contrato de trabajo?

Se trata de un acuerdo entre una empresa y un trabajador en el que adquieren mutuas obligaciones. El primero se obliga a satisfacer una retribución por la obligación a que se obliga el segundo: el prestar determinados servicios por cuenta de la empresa y bajo su dirección.

Debe cumplir con una serie de elementos fundamentales:

- Las partes intervinientes, con sus nombres, apellidos, direcciones y documentos identificativos (DNI, NIE, NIF).

141

- Fecha de inicio y duración.

- Descripción de la categoría o grupo profesional del puesto.

- Salario y complementos salariares.

- Jornada laboral, duración y distribución.

- Plazos que las partes deben cumplir para poder finalizar el contrato.

- Convenio colectivo de aplicación.

¿Quién puede firmar un contrato de trabajo?

⇨ Los mayores de 18 años.

⇨ Los menores de 18 años legalmente emancipados.

⇨ Los mayores de 16 años y menores de 18 con autorización de los padres o de quien los tenga a su cargo.

⇨ Los extranjeros de acuerdo con la legislación que les sea aplicable.

2. Formalización de un contrato de trabajo

El contrato de trabajo puede formalizarse tanto por escrito como de manera oral. No obstante, es obligatorio por escrito cuando así esté exigido por una disposición legal y, en todo caso, en los siguientes contratos:

▶ Contrato formativo en alternancia.

▶ Contrato formativo para la práctica profesional adecuada.

▶ Contrato a tiempo parcial, fijo discontinuo y de relevo.

▶ Acuerdo de trabajo a distancia.

▶ Contrato de los pescadores.

▶ Contratos de trabajadores contratados en España al servicio de empresas españolas en el extranjero.

▶ Contratos por tiempo determinado, cuya duración sea superior a cuatro semanas.

En cualquier caso, cualquiera de las partes puede exigir que el contrato se celebre por escrito en cualquier momento del transcurso de la relación laboral.

3. Período de prueba

El contrato puede tener un periodo de prueba, bien sea por acuerdo de las partes o porque así lo disponga el convenio colectivo de aplicación. En ese caso se debe reflejar por escrito en el contrato.

La duración máxima se establece en los convenios colectivos y, en su defecto, no podrá exceder de seis meses para los técnicos titulados o de dos meses para el resto de los trabajadores.

Durante el período de prueba el trabajador tiene los mismos derechos y obligaciones correspondientes al puesto de trabajo que desempeña.

La resolución a instancia empresarial será nula en el caso de las trabajadoras por razón de embarazo, desde la fecha de inicio del embarazo hasta el comienzo del periodo de suspensión a que se refiere el art. 48.4, o maternidad, salvo que concurran motivos no relacionados con el embarazo o maternidad.

El período de prueba computa a efectos de antigüedad.

La situación de incapacidad temporal -IT- que sufra el trabajador durante el período de prueba interrumpirá el cómputo del mismo.

Cuando el trabajador ya ha desempeñado las mismas funciones con anterioridad en la empresa, bajo cualquier modalidad de contratación, no existe el periodo de prueba.

4. Duración del contrato de trabajo

Un contrato de trabajo puede ser indefinido (fijo) o tener una duración determinada o indeterminada (temporal).

 Todo contrato de trabajo es indefinido y a jornada completa siempre que en el contrato de trabajo no se establezca lo contrario.

 Las distintas normativas que regulan los diferentes tipos de contratos temporales, determinan las duraciones mínimas y máximas de los contratos.

5. Derechos y obligaciones

Todo contrato de trabajo otorga una serie de derechos para el trabajador, que se convierten en obligaciones para el empresario. De igual modo, los derechos que tiene la empresa se convierten en obligaciones para el trabajador.

El empresario contrae obligaciones con:

a) **El trabajador**. Cuando la relación laboral sea de duración superior a cuatro semanas, el empresario deberá informar por escrito al trabajador sobre los elementos esenciales del contrato y principales condiciones de ejecución de la prestación laboral, siempre que tales elementos y condiciones no figuren en el contrato de trabajo formalizado por escrito.

b) **Los representantes legales de los trabajadores**. El empresario deberá entregar a los representantes legales de los trabajadores una copia básica de los contratos formalizados por escrito (con excepción de los contratos de relaciones especiales de alta dirección, para los que es suficiente la notificación), así como las prórrogas de dichos contratos y las denuncias de los mismos, teniendo para ello el mismo plazo de 10 días. La copia básica contendrá todos los datos del contrato a excepción del número del D.N.I., domicilio, estado civil y cualquier otro dato que pueda afectar a la identidad personal del interesado. Posteriormente, dicha copia básica se enviará al Servicio Público de Empleo. Cuando no exista representación legal de los trabajadores también deberá formalizarse copia básica y remitirse al Servicio Público de Empleo.

c) El **Servicio Público de Empleo**. Los empresarios están obligados a comunicar al Servicio Público de Empleo en el plazo de los 10 días siguientes a su concertación, y en los términos que reglamentariamente se determinen, el contenido de los contratos de trabajo que celebren o las prórrogas de los mismos, deban o no formalizarse por escrito.

Derechos del trabajador (obligaciones de la empresa)

- A la ocupación efectiva durante la jornada de trabajo.

- A la promoción y formación en el trabajo.

- A no ser discriminados para acceder a un puesto de trabajo.

- A la integridad física y a la intimidad.

- A percibir puntualmente la remuneración pactada.

- Los demás que se establezcan en el contrato de trabajo.

- A que su contrato sea comunicado al Servicio Público de Empleo.

Deberes del trabajador (derechos de la empresa)

⇨ Cumplir las obligaciones concretas del puesto de trabajo conforme a los principios de la buena fe y diligencia.

⇨ Cumplir las medidas de seguridad e higiene que se adopten.

⇨ Cumplir las órdenes e instrucciones del empresario en el ejercicio de su función directiva.

⇨ No realizar la misma actividad que la empresa en competencia con ella.

⇨ Contribuir a mejorar la productividad.

⇨ Los demás que se establezcan en el contrato de trabajo.

6. El sistema Contrat@

Antes de iniciar cualquier trabajo con el sistema Contrat@, la empresa o el profesional que actúa en representación de un tercero debe solicitar una autorización administrativa a través de la aplicación. Para ello, antes tiene que tener instalado un certificado digital en su navegador. En caso de tratarse de profesional que actúa en representación de un tercero, también debe dar de alta a las empresas clientes antes de iniciar la comunicación.

Para que sea concedida la autorización hay que presentar la documentación acreditativa en soporte físico con la solicitud firmada y sellada en la oficina del Servicio Público en los 30 días posteriores a la solicitud.

Al ser concedida, se recibe un correo electrónico con la comunicación de la resolución. Y a partir de ese momento se puede iniciar el trabajo en el sistema.

Sede electrónica   Español ⌄   🔍

Qué es el SEPE   Personas   Empresas   Emprendedores y Autónomos   ERTE / RED   Más Información

🏠 | Empresas

Empresas

Servicios para empresas ⌄   Contratos de trabajo ⌄   Información para las empresas ⌄

Ofertas de trabajo de las empresas ⌄

Servicios para empresas

El SEPE también presta apoyo a las empresas. En este espacio, a través de la aplicación Contrat@, se facilita la contratación online y la posterior comunicación a los servicios públicos de empleo. Además, gracias al servicio Certific@2, las empresas también podrán realizar comunicaciones de datos sobre su personal sin necesidad de la entrega presencial de documentos.

Toda la información

Contrat@
Comunica la contratación

Certific@2
Envía los datos de tus trabajadores

Servicios para empresas
Consulta los servicios disponibles

Hacemos clic en la pestaña **Empresas** y en el botón **Contrat@ Comunica la contratación**.

| **Empresas** | **Servicios para empresas** | **Comunicar la Contratación. Contrat@**

Comunicar la Contratación. Contrat@

Esta web facilita la comunicación de la contratación on-line a través de la aplicación Contrat@. Esta aplicación permite a los empresarios y a las empresarias que actúan en nombre propio y a las empresas y profesionales colegiados que actúen en representación de terceros, comunicar el contenido de la contratación laboral a los Servicios Públicos de Empleo desde su propio despacho o sede profesional.

A través de Contrat@ se pueden comunicar los datos de Contratos, Copias Básicas, Prórrogas, Llamamientos de fijos discontinuos y Pactos de horas complementarias, y puede hacerse por una de las tres opciones disponibles: a través de la comunicación de datos, a través del envío de ficheros XML o a través de Servicios Web.

La utilización de este servicio requiere disponer de una Autorización de los Servicios Públicos de Empleo. Para ello se debe cumplimentar una Solicitud de Autorización y presentarla con la documentación precisa en dichos Servicios Públicos. Una vez concedida la Autorización, se podrá acceder a Contrat@ bien con **Certificado Digital** o **DNI electrónico**, o con el **Identificador de la Empresa** y la clave personal que se asignó al realizar la Solicitud. Para más información, existe en la aplicación un completo **"Manual de Usuario"** y un enlace de **"Avisos"** que se actualiza con las novedades de legislación en materia de contratación. Si tiene alguna duda o incidencia, puede plantearla desde el Buzón de Contrat@ .

- Acceso con certificado digital o DNI electrónico 🔗.
- Acceso con autorización 🔗.
- Obtención de códigos.

Pulsamos **Acceso con certificado digital o DNI electrónico**. Debemos tener instalado el certificado electrónico en nuestro navegador y, a continuación, ya entramos en la página de inicio del sistema.

147

Contrat@

Inicio »

Castellano | Galego | Valenciá | Catalá | Euskera

- ▶ Información general
- ▶ Solicitud de autorización
- ▶ Gestión de la autorización
- ▶ Comunicación de la contratación
- ▶ Comunicación de la copia básica
- ▶ Seguimiento de las comunicaciones realizadas
- ▶ Anulación y consulta de comunicaciones

Pruebas ficheros XML
Avisos actualizado a 24/01/2024
Certific@2
Verificación de la Huella electrónica de los documentos

Buzón de consultas
Aplicación Contrat@ - Comunicación de la contratación

La ayuda y documentación para el uso de esta Aplicación se encuentra en el apartado Información general.

⇨ **Información general**

Dentro de esta opción encontramos, entre otras cosas, un manual donde podremos resolver dudas que tengamos respecto a la cumplimentación de algún dato.

- • Normativa que rige el uso del Contrat@.

- • Funcionamiento de la aplicación.

- • Información relativa a la instalación informática necesaria.

- • Información que permite conocer el proceso XML e Información que nos permite conocer el proceso de Servicios Web.

⇨ **Solicitud de autorización**

En este apartado del programa es donde haremos la solicitud principal para empezar a usar el Contrat@ (una solicitud por empresa, independientemente de los Códigos de Cuenta de Cotización que tenga).

Una vez cubierta la solicitud, al darle al botón aceptar, aparecerá una pantalla de "Asignación de Clave Personal", que deberá ser alfanumérica y entre un mínimo de 8 y un máximo de 20 caracteres.

⇨ **Gestión de la autorización**

Una vez concedida la autorización por el SEPE, desde esta opción podremos cambiar al representante de una empresa, realizar, consultar e imprimir las altas y bajas de sus usuarios asociados, modificar la clave personal, dar de alta o modificar la dirección de correo electrónico, modificar y consultar los datos de domicilio y razón social de la empresa y dar de baja la autorización concedida. Si la autorización se ha concedido a un colegiado profesional o a una empresa que actúe en representación de terceros, podremos realizar consultar e imprimir las altas y bajas de sus empresas clientes.

GOBIERNO DE ESPAÑA | MINISTERIO DE TRABAJO Y ECONOMÍA SOCIAL | SERVICIO PÚBLICO DE EMPLEO ESTATAL SEPE

Inicio SEPE
Direcciones y telfs. | Contactar | Accesibilidad | Mapa web

Contrat@
Comunicación de la contratación laboral

Inicio » Contrat@ »

Buzón de consultas
Aplicación Contrat@ - Comunicación de la contratación

Información general | Solicitud de autorización | **Gestión de la autorización** | Comunicación de la contratación
Comunicación de la copia básica | Seguimiento de las comunicaciones realizadas
Anulación y consulta de comunicaciones | Página inicial

Gestión de la autorización

⏵ Cambio de clave personal
⏵ Cambio del representante de una empresa
⏵ Alta o modificación de correo electrónico
⏵ Modificación de datos de la empresa
⏵ Consulta de modificaciones de datos de la empresa
⏵ Gestión de usuario asociado
⏵ Gestión de empresa cliente o grupo de empresa
⏵ Baja de su autorización
⏵ Actualización de datos de contacto
⏵ Gestión de subrogación de empresa

Ayuda PDF

[volver]

© Servicio Público de Empleo Estatal, 2009. © Sistema Nacional de Empleo, 2009.

⇨ **Comunicación de la contratación**

Desde esta opción del menú podremos realizar comunicaciones de la contratación a través de distintas opciones, así como realizar las consultas e impresiones de las comunicaciones realizadas.

- **A través de la comunicación de datos**

  Aquí se pueden realizar los distintos tipos de comunicaciones, a través de los datos de la comunicación, una vez haya sido firmado el contrato, prórroga, etc. por ambas partes.

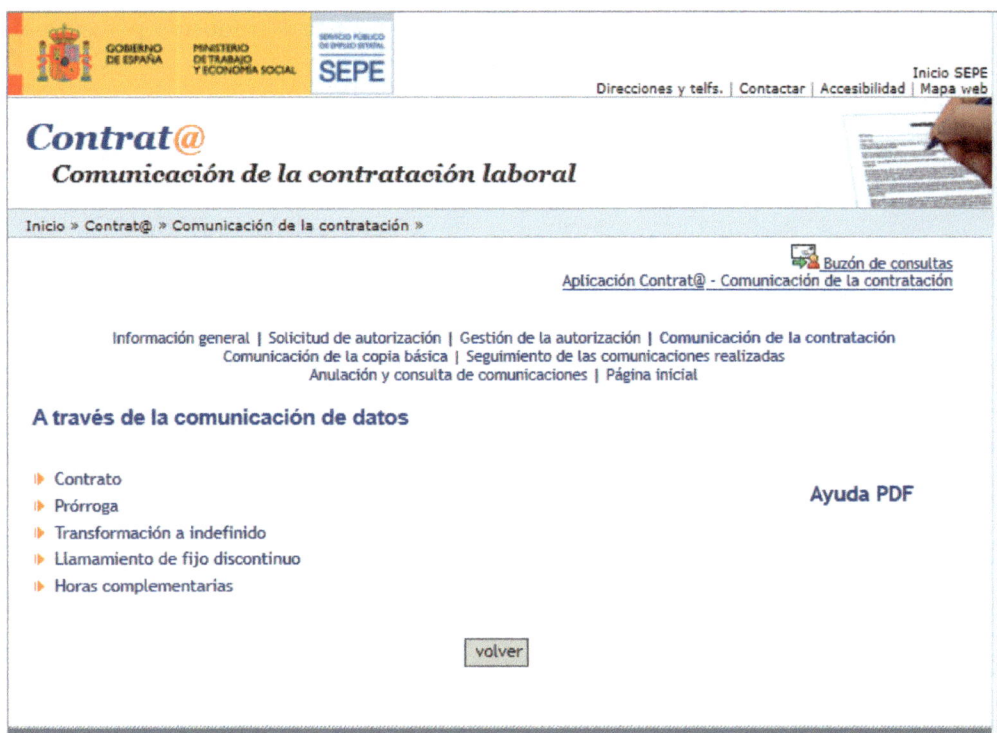

► **Contrato**

Permite la selección del tipo de contrato al que corresponde la comunicación que se va a realizar.

Primero se seleccionará el tipo de contrato entre: Indefinido tiempo completo, Indefinido tiempo parcial, Fijo discontinúo, Temporal tiempo completo, Temporal tiempo parcial, Formación y Aprendizaje, Prácticas tiempo completo y Prácticas tiempo parcial. Una vez seleccionado, se elegirá entre las cláusulas del mismo.

Hay datos comunes para todos los contratos que son: Datos de la Empresa que contrata, Datos del Trabajador, Datos del Contrato y Otros datos del Contrato. El resto de datos varían en función del tipo de contrato que se vaya a comunicar, y se recogerán en: Datos específicos del Contrato.

Pinchando sobre el tipo de contrato elegido, se despliega una ventana con las distintas modalidades del contrato. Hay que tener en cuenta que estas modalidades se van ajustando a los distintos cambios normativos, el último de los cuales ha sido introducido por el Real Decreto Ley 32/2021.

▶ **Prórroga**

Se podrán realizar comunicaciones de prórrogas de contratos a través de los datos de la comunicación de la prórroga.

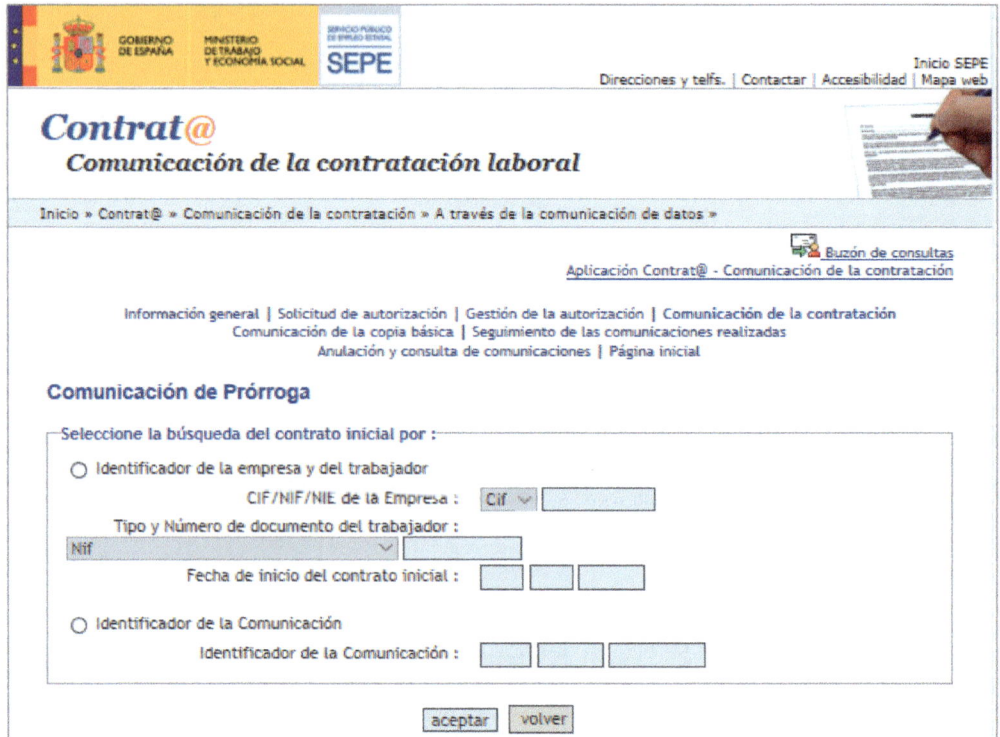

▶ **Transformación a indefinido**

Mediante esta tarea podremos realizar la comunicación de transformación de contratos a indefinidos.

GOBIERNO DE ESPAÑA | MINISTERIO DE TRABAJO Y ECONOMÍA SOCIAL | SERVICIO PÚBLICO DE EMPLEO ESTATAL SEPE

Inicio SEPE
Direcciones y telfs. | Contactar | Accesibilidad | Mapa web

Contrat@
Comunicación de la contratación laboral

Inicio » Contrat@ » Comunicación de la contratación » A través de la comunicación de datos »

📩 Buzón de consultas
Aplicación Contrat@ - Comunicación de la contratación

Información general | Solicitud de autorización | Gestión de la autorización | Comunicación de la contratación
Comunicación de la copia básica | Seguimiento de las comunicaciones realizadas
Anulación y consulta de comunicaciones | Página inicial

Comunicación de una transformación

Seleccione la búsqueda del contrato inicial por :

○ Identificador de la empresa y del trabajador

CIF/NIF/NIE de la Empresa : [Cif ∨] [   ]

Tipo y Número de documento del trabajador :
[Nif   ∨] [   ]

Fecha de inicio del contrato inicial : [   ][   ][   ]   dd/mm/aaaa

○ Identificador del contrato

Identificador de la Comunicación : [   ][   ][   ]

Seleccione el tipo de transformación a comunicar :

[Seleccione el tipo de transformación a comunicar   ∨]
Fecha de transformación a indefinido : [ ][ ][   ]

[aceptar] [volver]

▶ **Llamamiento de fijo discontinuo**

Podremos realizar la comunicación de llamamiento de fijos discontinuos. Será obligatorio introducir los datos de la empresa, identificador
del trabajador y fecha de inicio del llamamiento, siendo la fecha de fin
del llamamiento y el número de registro del contrato datos optativos.

153

Inicio » Contrat@ » Comunicación de la contratación » A través de la comunicación de datos »

Buzón de consultas
Aplicación Contrat@ - Comunicación de la contratación

Información general | Solicitud de autorización | Gestión de la autorización | Comunicación de la contratación
Comunicación de la copia básica | Seguimiento de las comunicaciones realizadas
Anulación y consulta de comunicaciones | Página inicial

Comunicación de llamamientos de fijos discontinuos

Datos de la empresa

CIF/NIF/NIE de la Empresa : Cif
Cuenta de Cotización :

Datos de los llamamientos

NIF/NIE del trabajador		Fecha Inicio	Fecha Fin	Número Registro o comunicación contrato
Nif				
Nif				
Nif				
Nif				
Nif				
Nif				
Nif				
Nif				
Nif				
Nif				

aceptar   volver

- **A través del envío de ficheros**

El usuario podrá realizar comunicaciones múltiples de la contratación por ficheros XML.

La empresa deberá adaptar su programa de nóminas y gestión de personal y generar un fichero XML, que contiene las comunicaciones con una estructura determinada.

En un mismo fichero se puede incluir contratos, prórrogas, copias básicas, etc., hasta un máximo de 1.000 comunicaciones que pueden ser de la misma empresa o de distintas empresas, esta última posibilidad solamente cuando el usuario que accede a esta tarea es de un colegiado profesional o una empresa que actúa en representación de terceros.

Posicionándose sobre el tipo de comunicación, se pulsará y se mostrará la pantalla denominada tipo de comunicación y, a continuación, el tipo seleccionado previamente. En esta pantalla se debe seleccionar el tipo de fichero a enviar.

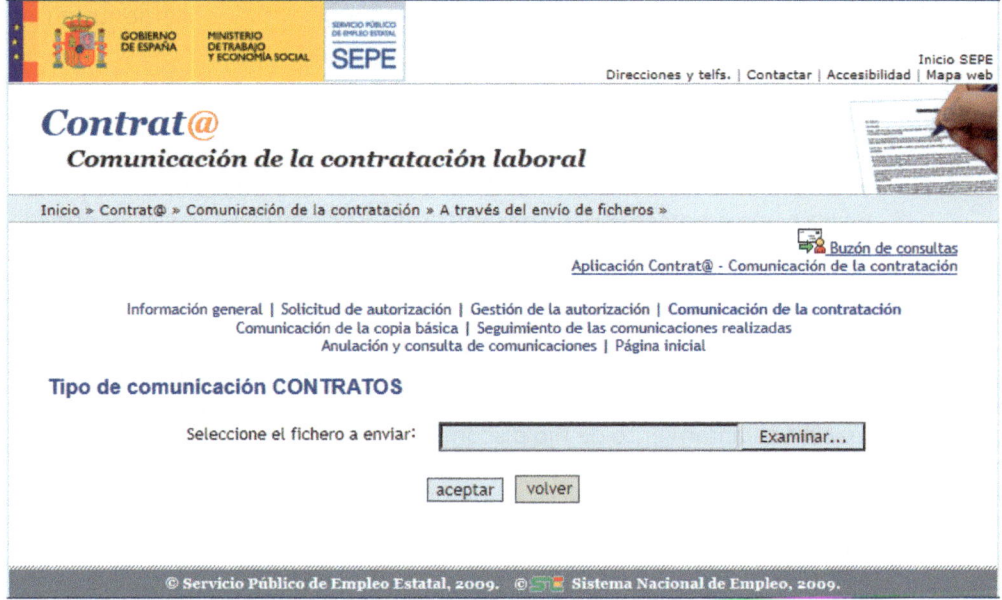

- **Corrección de datos**

    El usuario podrá corregir determinados datos de contratos comunicados erróneamente.

    Se trata de subsanar datos comunicados erróneamente, no de modificar datos ni condiciones de los contratos. Las correcciones se podrán realizar durante los 30 días naturales siguientes a la fecha de inicio del contrato, y siempre que no produzcan ningún error.

    Los datos que se pueden corregir son:

    ▶ **Datos de la empresa**:

    CIF/NIF/NIE y/o cuenta de cotización, siempre que el contrato sea de una empresa cliente y que exista la relación CIF/NIF/NIE y cuenta de cotización.

    Cuenta de cotización, siempre que esté asociada al CIF/NIF/NIE, y que el contrato sea para la empresa que tiene la autorización.

    ▶ **Datos del trabajador**:

    Nombre, Apellidos, Fecha de Nacimiento, Sexo, Nacionalidad, País de domicilio, Municipio de domicilio y Número afiliación Seguridad Social.

La corrección de los datos del trabajador repercutirá únicamente en el contrato que se está corrigiendo.

- **Incluir contrato de Oficina de Empleo**

Permite incorporar a la Base de datos de Contrat@ contratos comunicados en su día a través de Oficina de Empleo, siempre que el contrato pertenezca a una empresa usuaria de Contrat@. Debe introducirse el Identificador del Contrato (Provincia-Año-Número) y el sistema devolverá los datos existentes para ese contrato con excepción de los datos del trabajador, que el usuario de Contrat@ deberá introducir.

Una vez que el contrato está incorporado a la Base de Datos de Contrat@, se podrán realizar las tareas habituales de consulta, prorrogas, transformación o llamamiento de fijo discontinuo al contrato.

- **Subrogación**

Lo primero que hay que hacer es realizar la declaración de subrogación de empresa.

Después, cada vez que tengamos que realizar una prórroga, transformación, etc. de un contrato (comunicado desde el 04-03-2001) de la empresa subrogada, debemos entrar en esta opción e introducir: identificador del contrato, CIF/NIF/NIE de la empresa subrogada, NIF/NIE del trabajador, fecha de inicio del contrato, y CIF/NIF/NIE de la empresa subrogante.

GOBIERNO DE ESPAÑA   MINISTERIO DE TRABAJO Y ECONOMÍA SOCIAL   SERVICIO PÚBLICO DE EMPLEO ESTATAL **SEPE**

Inicio SEPE
Direcciones y telfs. | Contactar | Accesibilidad | Mapa web

Contrat@
Comunicación de la contratación laboral

Inicio » Contrat@ » Comunicación de la contratación » Subrogación »

Buzón de consultas
Aplicación Contrat@ - Comunicación de la contratación

Información general | Solicitud de autorización | Gestión de la autorización | Comunicación de la contratación
Comunicación de la copia básica | Seguimiento de las comunicaciones realizadas
Anulación y consulta de comunicaciones | Página inicial

Subrogación de contrato

Sólo para el uso de la aplicación de Comunicación de la Contratación Laboral a través de Internet (Contrat@)

Subrogación de contrato

Identificador del contrato :
CIF/NIF/NIE de la Empresa subrogada :   Cif
NIF/NIE del trabajador :
Nif

⇨ **Comunicación de la copia básica**

Esta opción del menú nos permite realizar la comunicación de la copia básica cuando esta no se hubiese efectuado en el mismo momento de realizar la comunicación de la contratación.

Resaltar elementos interactivos

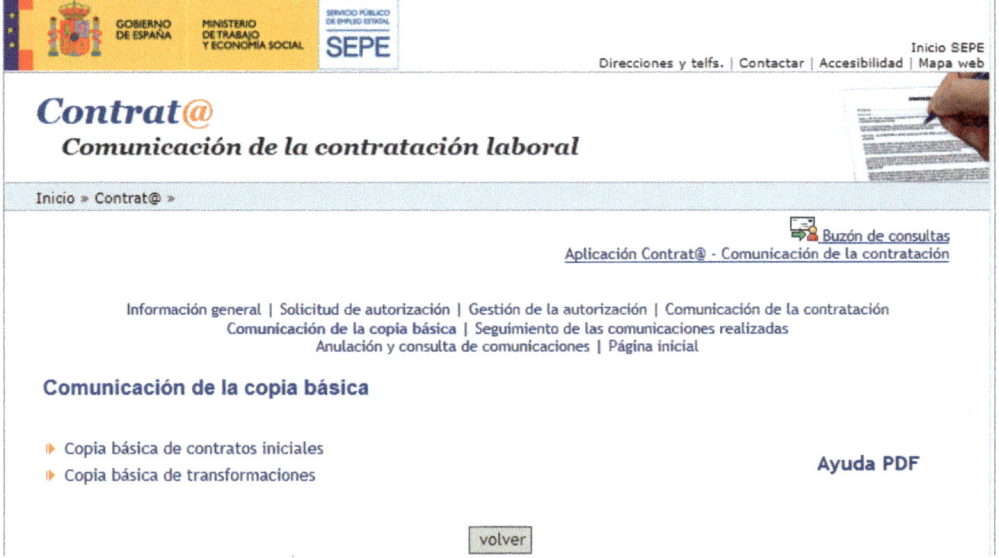

• **Copia básica de contratos iniciales**

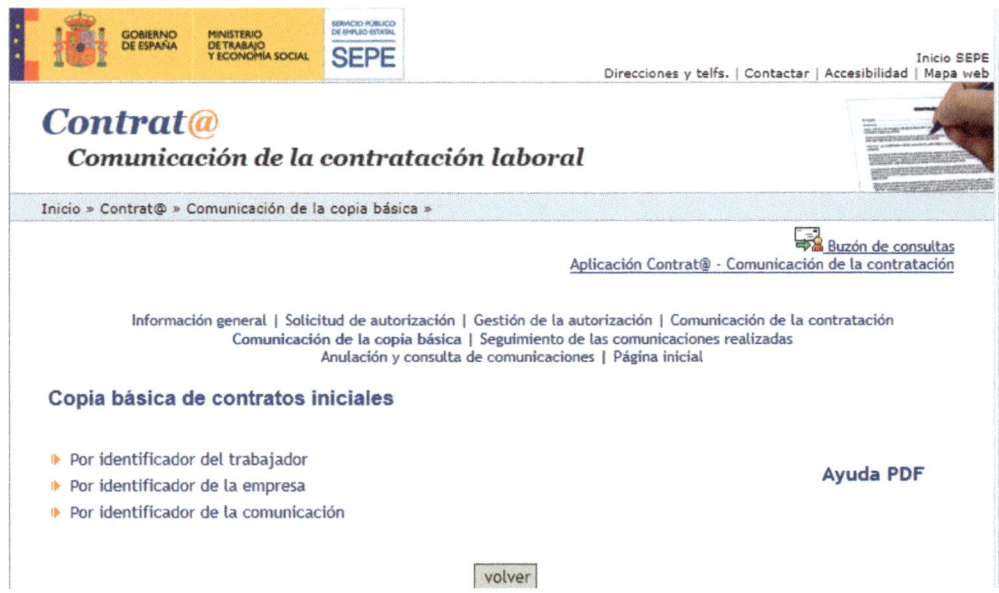

Tenemos tres opciones:

▶ **Por identificador del trabajador**: se mostrará el contrato o contratos comunicados para el trabajador en el periodo de fechas seleccionado.

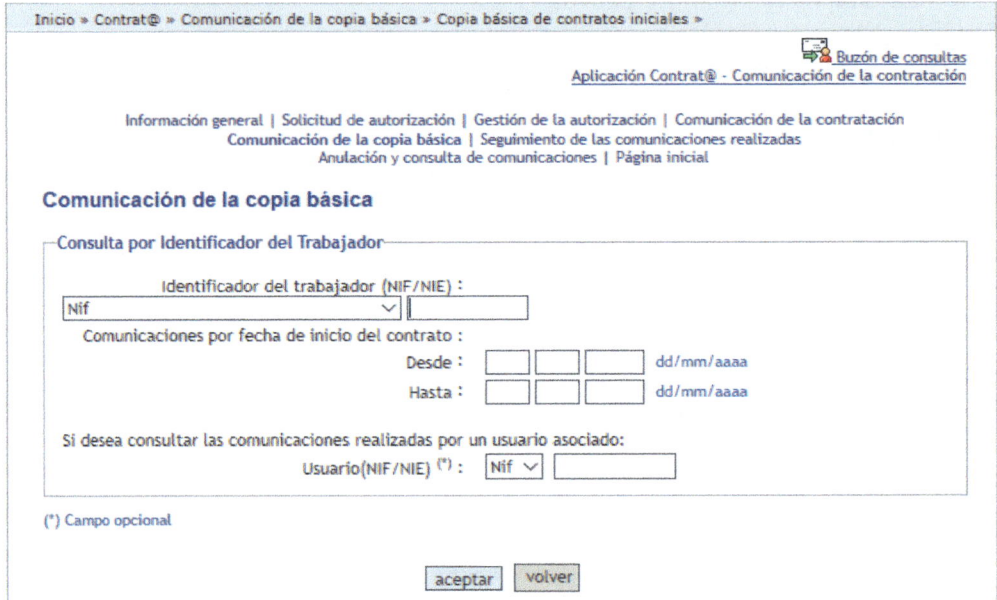

▶ **Por identificador de la empresa:** se mostrará el contrato o contratos comunicados para la empresa en el periodo de fechas seleccionado.

Inicio » Contrat@ » Comunicación de la copia básica » Copia básica de contratos iniciales »

 Buzón de consultas
Aplicación Contrat@ - Comunicación de la contratación

Información general | Solicitud de autorización | Gestión de la autorización | Comunicación de la contratación
Comunicación de la copia básica | Seguimiento de las comunicaciones realizadas
Anulación y consulta de comunicaciones | Página inicial

Comunicación de la copia básica

bajar ▾

┌─ Consulta por Identificador de la Empresa ──────────────────────────

CIF/NIF/NIE de la Empresa : [Cif ▾] [_____]
Cuenta de Cotización (*) : [____] [__] [_____] [____]

[____] [____] [_____] [____]
[____] [____] [_____] [____]
[____] [____] [_____] [____]
[____] [____] [_____] [____]

Comunicaciones por : ◉ Fecha de inicio del contrato
                       ○ Fecha de comunicación del contrato
Desde : [____] [__] [____] dd/mm/aaaa
Hasta : [____] [__] [____] dd/mm/aaaa

Si desea consultar las comunicaciones realizadas por un usuario asociado :
Usuario(NIF/NIE) (*) : [Nif ▾] [_____]

└──

(*) Campo opcional

subir ▲

[aceptar] [volver]

▶ **Por identificador de la comunicación**: se puede consultar una comunicación determinada a través del identificador de la comunicación y proceder a comunicar la copia básica si no se hubiese realizado.

• **Copia básica de transformaciones**

El usuario podrá comunicar la copia básica de las transformaciones realizadas.

⇨ **Seguimiento de las comunicaciones realizadas**

Permiten al usuario consultar e imprimir las comunicaciones realizadas, así como realizar la consulta y seguimiento de los ficheros enviados.

- **Consultas e impresión de comunicaciones**: para consultar e imprimir las comunicaciones de contratos, prórrogas, transformaciones, llamamientos, horas complementarias, copia básica, comunicaciones por empresa autorizada, así como las posibles correcciones efectuadas.

- **Consulta y seguimiento de envíos de ficheros:** mediante esta tarea el usuario podrá realizar la consulta y el seguimiento de los ficheros XML que la empresa ha enviado al Servicio Público de Empleo conteniendo las comunicaciones de los contratos, prórrogas, transformaciones, llamamientos, horas complementarias y copias básicas.

- **Consulta de corrección de datos**: mediante esta tarea el usuario podrá realizar la consulta de las correcciones efectuadas a las comunicaciones.

⇨ **Anulación y consulta de comunicaciones**

En esta opción del menú se encuentran recogidas las tareas de anular una comunicación y la opción de consultar estos cambios realizados en el contrato.

El **identificador de la comunicación**, regulado en la normativa del correspondiente del Servicio Público de Empleo, en desarrollo de lo dispuesto en la Orden TAS/770/2003, de 14 de marzo, está formado por la letra E y 13 dígitos, donde:

⇨ Las dos primeras posiciones corresponden al código de la provincia de ubicación del puesto de trabajo. Si el puesto de trabajo está en el extranjero, corresponde al código de la provincia de la cuenta de cotización.

⇨ Las cuatro posiciones siguientes se refieren en el año en que se ha efectuado la comunicación.

⇨ Las siete posiciones restantes están destinadas al número secuencial.

Si se trata de la prórroga de un contrato de trabajo, se hará constar el indicador de la comunicación del propio contrato y se añadirá el número de la prórroga.

Todos los documentos que se obtengan mediante la aplicación Contrat@ presentarán una huella electrónica, que actuará como firma y sello del Servicio Público de Empleo. Solo tendrán validez los documentos en que figuren el logotipo de uno de los Servicios Públicos de Empleo y la huella electrónica mencionada.

Un contrato de trabajo es un acuerdo entre una empresa y un trabajador el que adquieren mutuas obligaciones.

Contrat@ es la aplicación que el SEPE pone a disposición de las empresas que actúan en nombre propio y de los profesionales colegiados y empresas que actúan en representación de terceros para comunicar los contratos de trabajo, las copia básicas, prórrogas, llamamiento a fijos discontinuos y horas complementarias desde sus propias sedes.

- Áreas de trabajo que permite Contrat@:

- Información general.

- Solicitud de autorización.

- Gestión de la autorización.

- Comunicación de la contratación.

- Comunicación de la copia básica.

- Seguimiento de las comunicaciones realizadas.

- Anulación y consulta de comunicaciones.

UNIDAD DIDÁCTICA 5

Comunicación de accidentes

Contenido & Objetivos

Introducción

1. Comunicación de accidentes

2. ¿Qué es un accidente de trabajo?

3. Tipos de accidentes

4. ¿Qué es un incidente?

5. El sistema Delt@

Resumen

Los **objetivos** de esta unidad son:

1. Conocer qué es un accidente de trabajo y sus tipos.

2. Conocer qué es un incidente.

3. Conocer el programa Delt@.

4. Conocer el manejo del programa Delt@.

Introducción

Los accidentes de trabajo y la prevención de riesgos laborales es un área de actuación de la Seguridad Social y de las empresas en las que se busca cubrir los daños acaecidos en el accidente, así como evitar que ocurran.

La comunicación de accidentes tiene como objetivos obtener información para:

- Estadísticas.

- Protocolos de actuación para evitar nuevos accidentes.

- Actuaciones necesarias para limitar los daños de cualquier accidente.

1. Comunicación de accidentes

> **[MARCO LEGAL]**
>
> Según el Artículo 23.3 de la **Ley 31/1995 de prevención de riesgos laborales**, el empresario estará obligado a notificar por escrito a la autoridad laboral los daños para la salud de los trabajadores a su servicio que se hubieran producido con motivo del desarrollo de su trabajo, conforme al procedimiento que se determine reglamentariamente.

La **notificación de accidentes** consiste en la cumplimentación de una serie de datos considerados como los factores clave de los accidentes. Se trata de la descripción literal, o la utilización de un sistema de códigos conocidos y aplicados con carácter universal, de los hechos más remarcables del accidente, que será necesario tener recopilados tanto para el desarrollo del proceso de investigación como para un posterior análisis estadístico de los mismos que nos permita conocer cuáles son los factores de riesgo predominantes en la empresa o centro de trabajo.

¿Por qué comunicar un accidente de trabajo?

Hay una obligación legal basada en el propio artículo 23.3 de la Ley 31/1995 de Prevención de Riesgos Laborales.

2. ¿Qué es un accidente de trabajo?

Según el art 156 RDL 8/2015 de 30 de octubre por el que se aprueba el texto refundido de la LGSS:

1. *Se entiende por accidente de trabajo toda lesión corporal que el trabajador sufra con ocasión o por consecuencia del trabajo que ejecute por cuenta ajena.*

2. *Tendrán la consideración de accidentes de trabajo:*

   a) *Los que sufra el trabajador al ir o al volver del lugar de trabajo.*

   b) *Los que sufra el trabajador con ocasión o como consecuencia del desempeño de cargos electivos de carácter sindical, así como los ocurridos al ir o al volver del lugar en que se ejerciten las funciones propias de dichos cargos.*

   c) *Los ocurridos con ocasión o por consecuencia de las tareas que, aun siendo distintas a las de su categoría profesional, ejecute el trabajador en cumplimiento de las órdenes del empresario o espontáneamente en interés del buen funcionamiento de la empresa.*

   d) *Los acaecidos en actos de salvamento y en otros de naturaleza análoga, cuando unos y otros tengan conexión con el trabajo.*

   e) *Las enfermedades, no incluidas en el artículo siguiente, que contraiga el trabajador con motivo de la realización de su trabajo, siempre que se pruebe que la enfermedad tuvo por causa exclusiva la ejecución del mismo.*

   f) *Las enfermedades o defectos, padecidos con anterioridad por el trabajador, que se agraven como consecuencia de la lesión constitutiva del accidente.*

   g) *Las consecuencias del accidente que resulten modificadas en su naturaleza, duración, gravedad o terminación, por enfermedades intercurrentes, que constituyan complicaciones derivadas del proceso patológico determinado por el accidente mismo o tengan su origen en afecciones adquiridas en el nuevo medio en que se haya situado el paciente para su curación.*

3. *Se presumirá, salvo prueba en contrario, que son constitutivas de accidente de trabajo las lesiones que sufra el trabajador durante el tiempo y en el lugar del trabajo.*

4. *No obstante lo establecido en los apartados anteriores, no tendrán la consideración de accidente de trabajo:*

   a) *Los que sean debidos a fuerza mayor extraña al trabajo, entendiéndose por ésta la que sea de tal naturaleza que ninguna relación guarde con el trabajo que se ejecutaba al ocurrir el accidente.*

En ningún caso se considerará fuerza mayor extraña al trabajo la insolación, el rayo y otros fenómenos análogos de la naturaleza.

b) *Los que sean debidos a dolo o a imprudencia temeraria del trabajador accidentado.*

5. *No impedirán la calificación de un accidente como de trabajo:*

a) *La imprudencia profesional que es consecuencia del ejercicio habitual de un trabajo y se deriva de la confianza que éste inspira.*

b) *La concurrencia de culpabilidad civil o criminal del empresario, de un compañero de trabajo del accidentado o de un tercero, salvo que no guarde relación alguna con el trabajo.*

Por lo tanto, para que un accidente tenga esta consideración de accidente de trabajo es necesario que:

1. **El trabajador/a sufra una lesión corporal**. Entendiendo por lesión todo daño o detrimento corporal causado por una herida, golpe o enfermedad. Se asimilan a la lesión corporal las secuelas o enfermedades psíquicas o psicológicas

2. Que ejecute una **labor por cuenta ajena.**

3. **Que el accidente sea con ocasión o por consecuencia del trabajo,** es decir, que exista una relación de causalidad directa entre trabajo-lesión.

3. Tipos de accidentes

▶ **Accidente de trabajo con baja médica:** son aquellos en los que existe una lesión o recaída que conlleve la ausencia del lugar de trabajo del trabajador accidentado de, al menos, un día.

Se entiende como recaída "la baja médica del trabajador como consecuencia directa de un accidente anterior". En este caso se tomará como fecha la del accidente que origina la recaída.

- **Notificación:**

    Se ha de comunicar al Representante del Sistema Delt@ de la Consejería y al Servicio de Salud y Prevención de Riesgos Laborales cumplimentando el modelo de "Comunicación de accidente de trabajo", teniendo en cuenta los plazos establecidos.

Se ha de comunicar a la Autoridad Laboral los accidentes ocurridos en el centro de trabajo graves, muy graves, fallecimientos o que afecten a más de cuatro trabajadores en el plazo de las 24 horas siguientes a que se produzca el accidente.

- **Plazos:**

  El Representante del Sistema Delt@ ha de presentar, en el plazo de 5 días hábiles a partir de la baja médica, el parte de accidente de trabajo.

▶ **Accidente de trabajo sin baja médica:** son aquellos en los que existe lesión pero que permite al trabajador continuar realizando su trabajo tras recibir asistencia.

- **Notificación:**

  Se ha de comunicar al Servicio de Salud y Prevención de Riesgos Laborales cumplimentando el modelo de "Comunicación de accidente de trabajo", teniendo en cuenta los plazos establecidos.

- **Plazos:**

  El Servicio de Salud y Prevención de Riesgos Laborales debe presentar en los cinco primeros días hábiles del mes siguiente al que corresponda una relación de los accidentes de trabajo ocurridos sin baja médica.

▶ **Accidente con riesgo biológico:**

- **Notificación:**

  Se ha de comunicar de igual forma a la establecida en los accidentes con baja o sin baja, teniendo en cuenta que esta comunicación será urgente. Y dependiendo de si el trabajador ha recibido la baja médica o no, cumplimentando el apartado de riesgo biológico del modelo de "Comunicación de accidente de trabajo".

  Se cumplimentará el modelo "Parte de asistencia sanitaria por accidente de trabajo" y se entregará al trabajador, junto al "Protocolo de accidente de riesgo biológico", para que sea atendido por los servicios sanitarios.

▶ **Accidente que requiere notificación urgente:** nos encontramos con un accidente sufrido por un trabajador, en el centro de trabajo o durante el desplazamiento, con fallecimiento del mismo, que sea considerado grave o muy grave o afecte a más de cuatro trabajadores, independientemente de que pertenezcan o no todos ellos a la plantilla de la empresa.

- **Notificación:**

  Se ha de comunicar de manera urgente, en un plazo máximo de 24 horas, por el responsable del centro en materia de Seguridad y Salud laboral al Representante de la Consejería.

En caso de no poder realizar esta comunicación el responsable del centro, la notificación urgente la puede realizar a través del Sistema Delt@ cualquier otro usuario del Sistema, aunque no esté registrado en él. Pero deberá rellenar un formulario de identificación.

No obstante, una vez cumplimentada la comunicación urgente es obligatorio formalizar la tramitación normal del parte de accidente como vimos en el caso de Accidente de Trabajo con Baja Médica.

4.   ¿Qué es un incidente?

Se debe entender por "incidente" todo aquel suceso que pueda o hubiera podido causar pérdidas económicas o lesiones en los trabajadores.

Estas son situaciones que se presentan durante la realización de una actividad que, sin ocasionar lesión, tienen una potencialidad lesiva y que resulta necesario atender para poder identificar y controlar las causas generadoras antes de que ocurra el accidente.

 *Podemos considerar incidente la caída de un foco o la caída de una estantería no anclada a la pared que no produce lesión en los trabajadores ni pérdidas económicas, pero que en caso de haber estado un trabajador allí sí lo hubiera producido.*

Comunicación de incidentes

El responsable en materia de Seguridad y Salud del Centro, deberá remitir al Servicio de Salud y Prevención de Riesgos Laborales el modelo de comunicación de incidentes a la mayor brevedad posible para, de este modo, tomar las medidas preventivas oportunas en su caso.

5.   El sistema Delt@

5.1.   Introducción

 *El sistema Delt@ o, lo que es lo mismo, el Sistema para la Declaración Electrónica de Trabajadores Accidentados es un sistema global de comunicaciones para la notificación y el tratamiento de los accidentes de trabajo que agiliza la comunicación de la información y simplifica la comunicación entre los distintos usuarios implicados y que genera históricos.*

Garantiza la confidencialidad del contenido de los documentos, ya que requiere el uso de un certificado digital.

Está dirigido a empresas o trabajadores por cuenta propia, entidades gestoras, entidades colaboradoras y autoridades laborales competentes.

Es la herramienta que debemos usar para la comunicación de partes de accidentes, recaídas e incidentes.

El sistema Delt@ tiene distintas funciones según sea la entidad que lo utilice:

⇨ Representante de empresa.

⇨ Autoridad laboral autonómica.

⇨ Entidad colaboradora o gestora.

5.2. Representante de la empresa

5.2.1. Registro

Es el usuario registrado y autorizado por la empresa y la Seguridad Social para efectuar las comunicaciones a través del Sistema Delt@ en nombre y representación de la empresa.

El representante de la empresa deberá cumplir una serie de requisitos previos:

▶ Tener instalado un navegador web.

▶ Tener instalado un certificado digital expedido por alguna de las Autoridades de Certificación registradas en él.

▶ Tener conexión a Internet.

Para registrarse como representante:

a) Pulsamos sobre la opción "Nuevo Usuario".

b) Elegir el certificado que deseamos asociar y "Aceptar".

c) Introduciremos los datos personales en el campo "Tipo de Representación". Debemos elegir "REPRESENTANTE DE EMPRESA".

d) El número de documento de identificación (que podrá ser el NIF o el NIE) no debe estar previamente registrado en Delt@ para ningún otro usuario.

e) Pulsamos "Enviar".

f) En la página de confirmación se iniciará la descarga de un componente que nos permitirá firmar los documentos. Cuando termine de descargarse debemos aceptar la instalación del mismo. En ese momento se activará el botón de firma con el cual podremos completar el registro en el sistema.

g) Pulsamos "Firmar", elegimos el certificado con el que se va a firmar el registro y "Aceptar".

5.2.2. Acceder al sistema y modificar datos personales

Para **acceder** al sistema:

1. Pulsamos sobre la opción "Usuario Registrado".

2. Elegimos el certificado asociado al perfil "Representante de Empresa" y "Aceptar".

Para **modificar** los datos personales:

• Es requisito ineludible el haber accedido a la aplicación con el certificado asociado al perfil "Representante de Empresa".

• Solo podremos modificar el número de teléfono de contacto y configurar si deseamos recibir todas las notificaciones de correo o no.

• Pulsamos la opción de menú "Gestión Usuarios – Datos Personales".

• Modificamos los datos y pulsamos "Aceptar".

• Se nos presentará una pantalla de confirmación de datos. Pulsamos "Aceptar".

• Aparecerá una pantalla informando del resultado de la operación. Pulsamos "Volver".

5.2.3. Renovar el Certificado y darse de baja del sistema

Para **renovar** el Certificado:

1. Accedemos a la aplicación con el certificado asociado al perfil "Representante de Empresa".

2. Pulsamos la opción de menú "Gestión Usuarios - Renovar Certificado".

3. Pulsamos "Renovar".

4. Elegimos el nuevo certificado con el que queremos renovar y aceptamos.

Para **darse de baja** en el sistema:

1. Accedemos a la aplicación con el certificado asociado al perfil "Representante de Empresa".

2. Pulsamos la opción de menú "Gestión Usuarios – Baja Usuario".

3. Se nos presentará un cuadro de diálogo solicitando la confirmación del usuario para darse de baja del sistema.

4. Pulsamos la opción "Aceptar" y el usuario será dado de baja del sistema.

Una vez dado de baja, el representante no podrá volver a consultar la información generada mientras estuvo registrado.

5.2.4. Partes de Accidente de Trabajo

⇨ Para **grabar un Parte de Accidente de Trabajo** es necesario el tener iniciado un Parte de Accidente de Trabajo y tener rellenados, al menos, los campos "Identificación de Persona Física", "Fecha de la Baja Médica", "NAF", "Situación Profesional" y "CCC de la Empresa Epígrafe 2 para Asalariados".

Para grabar el documento pulsamos "Grabar".

Aparece una nueva ventana informándonos del resultado y pulsamos "Aceptar".

⇨ Para **enviar un Parte de Accidente de Trabajo** es necesario tener un Parte de Accidente de Trabajo (iniciado o en edición) y tener cubiertos todos los campos obligatorios (estos están marcados con asterisco).

Para enviar el documento pulsamos "Enviar". Nos encontraremos una ventana de confirmación.

Pulsamos "Firmar" y elegimos el certificado con el que se va a firmar el envío.

Aceptamos y aparece una ventana indicando el resultado de la operación.

⇨ Para **editar un Parte de Accidente de Trabajo** tenemos que haberlo grabado previamente.

Es necesario el haber accedido a la aplicación con el certificado asociado al perfil "Representante de Empresa".

Pulsamos la opción de menú "Gestión Documentos – Parte de Accidente de Trabajo" y "Editar".

Elegimos de la lista el Parte de Accidente de Trabajo que queramos editar pulsando en su campo "Número de Referencia Delt@" o "Nombre y Apellidos".

Continuamos con la cumplimentación de campos.

Volvemos a guardar el documento o procedemos a su envío.

⇨ Para **borrar un Parte de Accidente de Trabajo** es necesario el haber accedido a la aplicación con el certificado asociado al perfil "Representante de Empresa".

Pulsamos la opción de menú "Gestión Documentos – Parte de Accidente de Trabajo" y "Editar".

Marcamos la casilla "Borrar" de los Partes de Accidente de Trabajo que queremos eliminar.

Pulsamos el botón "Borrar", en el menú inferior.

Aparece una ventana solicitando confirmación del borrado de los Partes de Accidente de Trabajo. Pulsamos "Aceptar".

⇨ Para **corregir un Parte de Accidente de Trabajo** es necesario el haber accedido a la aplicación con el certificado asociado al perfil "Representante de Empresa".

Pulsamos la opción de menú "Gestión Documentos – Parte de Accidente de Trabajo" y "Corregir".

Pulsamos el campo "Corregir Parte" del Parte de Accidente de Trabajo que queramos corregir. También se pueden ver los documentos originales pulsando sobre el icono ⊞ . Modificamos los campos necesarios y pulsamos "Enviar".

En la ventana de confirmación pulsamos "Firmar", elegimos el certificado con el que se va a firmar la validación y aceptamos.

⇨ **Para anular un Parte de Accidente de Trabajo** es necesario el haber accedido a la aplicación con el certificado asociado al perfil "Representante de Empresa".

Pulsamos la opción de menú "Gestión Documentos - Parte de Accidente de Trabajo" y "Corregir".

Pulsamos el campo "Corregir Parte" del Parte de Accidente de Trabajo que queramos anular.

Pulsamos el botón "Anular", en el menú inferior.

Aparece una ventana solicitando el motivo de la Anulación del borrado de los Partes de Accidente de Trabajo. Pulsamos "Aceptar".

En la ventana de anulación pulsamos "Firmar", elegimos el certificado con el que se va a firmar la validación y aceptamos.

⇨ Para **consultar un Parte de Accidente de Trabajo** es necesario el haber accedido a la aplicación con el certificado asociado al perfil "Representante de Empresa".

Pulsamos la opción de menú "Gestión Documentos – Parte de Accidente de Trabajo" y "Consultar".

Introducimos los parámetros de búsqueda que deseemos y pulsamos "Buscar".

El sistema nos mostrará un listado de todos aquellos documentos que cumplen con los criterios de búsqueda establecidos.

Desde este listado tenemos varias posibilidades:

▶ Ver en detalle los datos del documento pinchando sobre el campo "Nombre y Apellidos".

▶ Exportar el documento a un fichero.

▶ Consultar los originales del documento.

▶ Imprimir la lista de documentos que cumplen los criterios de búsqueda.

Exportar documentos obtenidos en la consulta de Partes de Accidentes de Trabajo:

- Es necesario el haber accedido a la aplicación con el certificado asociado al perfil "Representante de Empresa".

- Pulsamos la opción de menú "Gestión Documentos – Parte de Accidente de Trabajo" y "Consultar".

- Introducimos los parámetros de búsqueda que deseamos y pulsamos "Buscar".

- El sistema nos mostrará un listado de aquellos documentos que cumplen con todos los criterios de búsqueda establecidos.

- Seleccionamos el campo "Exportar" de los documentos que se quieran exportar y pulsamos la opción "Exportar" del menú inferior.

- El sistema nos avisa que este documento generado no es válido para ser importado posteriormente.

- Y a continuación nos permite seleccionar el formato de fichero de la exportación: Texto o XML.

- Seleccionamos la ubicación en el disco local donde descargar el archivo y pulsamos "Guardar" o simplemente visualizar el fichero con la opción "Abrir".

Consultar el original de un Parte de Accidente de Trabajo:

⇨ Es necesario el haber accedido a la aplicación con el certificado asociado al perfil "Representante de Empresa".

⇨ Pulsamos la opción de menú "Gestión Documentos – Parte de Accidente de Trabajo" y "Consultar".

⇨ Introducimos los parámetros de búsqueda que deseamos y pulsamos "Buscar".

⇨ El sistema nos mostrará un listado de aquellos documentos que cumplen con todos los criterios de búsqueda establecidos.

⇨ Pinchamos en el campo 📑 del documento sobre el que se quiera consultar el listado de originales.

Es importante saber que no podremos acceder a aquellos documentos a los que no estemos autorizados (remesas generadas por las Entidades Gestoras y Colaboradoras o remesas generadas por las Autoridades Laborales). Únicamente estaremos autorizados a acceder a aquellos documentos generados por nosotros y aquellos que sean contestación a nuestros envíos.

⇨ Para **duplicar un Parte de Accidente de Trabajo** seleccionamos un documento y pulsamos el botón "Duplicar".

El sistema presenta un nuevo documento con toda la información duplicada a excepción de los siguientes campos:

▶ Número de Referencia.

▶ N.A.F.

- ▶ I.P.F.

- ▶ Fecha de Accidente.

- ▶ Fecha de Baja.

- ▶ Número de Expediente.

- ▶ Autoridad Laboral.

- ▶ Fecha Presenta.

- ▶ Fecha Aceptación.

- ▶ Fecha Recepción.

- ▶ Estado.

- ▶ Motivo Rechazo.

⇨ Para **Importar una Remesa de Partes de Accidentes de Trabajo** es necesario el haber accedido a la aplicación con el certificado asociado al perfil "Representante de Empresa".

Pulsamos la opción de menú "Gestión Documentos – Parte de Accidente de Trabajo" e "Importar Remesa".

Elegimos el formato del fichero de remesa e indicamos su situación pulsando el botón "Examinar".

Pulsando "Aceptar" nos aparece un resumen de los partes que componen la remesa.

Pulsamos "Firmar y enviar". En la ventana de confirmación que aparece pulsamos "Aceptar".

Elegimos el certificado que se va a usar para firmar la importación y aceptamos.

En el mensaje de respuesta pulsamos "Volver".

⇨ Para **consultar una Remesa de Partes de Accidentes de Trabajo** es necesario el haber accedido a la aplicación con el certificado asociado al perfil "Representante de Empresa".

Pulsamos la opción de menú "Gestión Documentos – Parte de Accidente de Trabajo" y "Consulta Remesa".

Filtramos la búsqueda de remesas importadas por alguno de los campos que se presentan y pulsamos "Aceptar".

En la lista que se nos presenta, seleccionamos la remesa importada que deseamos consultar pulsando en cualquiera de sus campos.

También nos permite ver el contenido de la Remesa tras pulsar el icono .

5.2.5. Relación de Accidentes de Trabajo Sin Baja Médica

▶ **Para grabar una Relación de Accidentes de Trabajo Sin Baja Médica** es necesario el tener iniciada una Relación de Accidentes de Trabajo Sin Baja y tener cubiertos al menos los campos "Mes", "Año", "EGC" y "Cód. Cuenta Cotización" o "Núm. Afiliación a la SS".

Pulsamos "Guardar Datos". Aparece una ventana informándonos del resultado y pulsamos "Aceptar".

▶ **Para enviar una Relación de Accidentes de Trabajo Sin Baja Médica** es necesario tener una Relación de Accidentes de Trabajo Sin Baja Médica (iniciada o en edición), tener cubiertos todos los campos obligatorios (todos los marcados con asterisco) y, al menos, haber introducido un accidentado.

Pulsamos "Enviar". Nos encontraremos una ventana de confirmación.

Pulsamos "Firmar", elegimos el certificado con el que se va a firmar el envío y aceptamos.

▶ **Para editar una Relación de Accidentes de Trabajo Sin Baja Médica** previamente se tiene que haber grabado.

Es necesario el haber accedido a la aplicación con el certificado asociado al perfil "Representante de Empresa".

Pulsamos la opción de menú "Gestión Documentos – Relación de Accidentes de Trabajo Sin Baja Médica" y "Editar".

Elegimos de la lista la Relación de Accidentes de Trabajo Sin Baja Médica la que queramos editar pulsando en su campo "CCC/NAF".

Continuamos con la cumplimentación de campos.

Volvemos a guardar el documento o procedemos a su envío.

▶ **Para borrar una Relación de Accidentes de Trabajo Sin Baja Médica** es necesario el haber accedido a la aplicación con el certificado asociado al perfil "Representante de Empresa".

Pulsamos la opción de menú "Gestión Documentos – Relación de Accidentes de Trabajo Sin Baja Médica" y "Editar".

177

Marcamos la casilla "Borrar" las Relación de Accidentes de Trabajo Sin Baja Médica que queramos eliminar.

Pulsamos el botón "Borrar", en el menú inferior.

▶ **Para corregir una Relación de Accidentes de Trabajo Sin Baja Médica** es necesario el haber accedido a la aplicación con el certificado asociado al perfil "Representante de Empresa".

Pulsamos la opción de menú "Gestión Documentos – Relación de Accidentes de Trabajo Sin Baja médica" y "Corregir".

Pulsamos el campo "Corregir RATSB" de la Relación de Accidentes de Trabajo Sin Baja médica que queramos validar. También se pueden ver los documentos originales pulsando sobre el icono [📑] .

Modificamos los campos necesarios y pulsamos "Aceptar".

En la ventana de confirmación pulsamos "Firmar", elegimos el certificado con el que vamos a firmar la validación y "Aceptar".

Para anular una tarea de corrección de Relaciones de Accidentes de Trabajo Sin Baja Médica:

- Es necesario el haber accedido a la aplicación con el certificado asociado al perfil "Representante de Empresa".

- Pulsamos la opción de menú "Gestión Documentos – Relación de Accidentes de Trabajo Sin Baja médica" y "Corregir".

- Pulsamos la opción "Corregir RATSB" de la Relación de Accidentes de Trabajo sin Baja Médica que queramos anular.

- Pulsamos el botón "Anular", en el menú inferior.

- Aparece una ventana solicitando el motivo de la Anulación del borrado Relación de Accidentes de Trabajo sin Baja Médica. Pulsamos "Aceptar".

- En la ventana de anulación pulsamos "Firmar" y elegimos el certificado con el que vamos a firmar la validación. Aceptamos.

▶ **Para una consulta de Relación de Accidentes de Trabajo Sin Baja Médica** es necesario el haber accedido a la aplicación con el certificado asociado al perfil "Representante de Empresa".

Pulsamos la opción de menú "Gestión Documentos – Relación de Accidentes de Trabajo Sin Baja médica" y "Consultar".

Introducimos los parámetros de búsqueda que deseemos y pulsamos "Buscar".

El sistema nos mostrará un listado de todos aquellos documentos que cumplen con los criterios de búsqueda establecidos.

Desde este listado tenemos varias posibilidades:

⇨ Ver en detalle los datos del documento pinchando sobre el campo "Cod. Cta. Cotización /Núm. Afiliación SS".

⇨ Exportar el documento a un fichero.

⇨ Consultar los originales del documento.

⇨ Imprimir la lista de documentos que cumplen los criterios de búsqueda.

Exportar una relación de las obtenidas en la consulta de Relaciones de Accidentes de Trabajo Sin Baja Médica:

▶ Es necesario el haber accedido a la aplicación con el certificado asociado al perfil "Representante de Empresa".

▶ Pulsamos la opción de menú "Gestión Documentos – Relación de Accidentes de Trabajo Sin Baja médica" y "Consultar".

▶ Introducimos los parámetros de búsqueda que deseamos y pulsamos "Buscar".

▶ El sistema nos mostrará un listado de aquellos documentos que cumplen con todos los criterios de búsqueda establecidos.

▶ Seleccionamos el campo "Exportar" de la relación que queramos exportar, elegimos el formato de fichero que se va a generar con la exportación y pulsamos la opción "Aceptar" del menú inferior.

▶ El sistema nos avisa de que este documento generado no es válido para ser importado posteriormente. Y, a continuación, nos permite seleccionar el formato de fichero de la exportación: Texto o XML.

▶ Seleccionamos la ubicación en el disco local donde descargar el archivo y pulsamos "Guardar" o "Abrir" si simplemente vamos a visualizar el fichero.

Consultar originales de Relaciones de Accidentes de Trabajo Sin Baja Médica:

- Es necesario acceder a la aplicación con el certificado asociado al perfil "Representante de Empresa".
- Pulsamos la opción de menú "Gestión Documentos – Relación de Accidentes de Trabajo Sin Baja médica" y "Consultar".
- Introducimos los parámetros de búsqueda que deseemos y pulsamos "Buscar".
- El sistema nos mostrará un listado de aquellos documentos que cumplen con todos los criterios de búsqueda establecidos.
- Pinchamos en el campo 🗔 del documento del que queramos consultar el listado de originales.
- No se puede acceder a aquellos documentos a los que no se esté autorizado (remesas generadas por las Entidades Gestoras y Colaboradoras o remesas generadas por las Autoridades Laborales).
- Pinchamos en el campo "Fecha de Entrada" del original que queramos consultar.

▶ **Para importar una remesa de Relación de Accidentes de Trabajo Sin Baja Médica** es necesario el haber accedido a la aplicación con el certificado asociado al perfil "Representante de Empresa".

Pulsamos la opción de menú "Gestión Documentos – Relación de Accidentes de Trabajo Sin Baja médica" e "Importar Remesa".

Elegimos el formato del fichero de remesa e indicamos su situación pulsando el botón "Examinar".

Pulsando "Aceptar" aparece un resumen de los partes que componen la remesa.

Pulsamos "Firmar" y "Enviar". Y en la ventana de confirmación que aparece pulsamos "Aceptar".

Elegimos el certificado que se va a usar para firmar la importación y aceptamos.

▶ **Para consultar una remesa de Relación de Accidentes de Trabajo Sin Baja Médica** es necesario el haber accedido a la aplicación con el certificado asociado al perfil "Representante de Empresa".

Pulsamos la opción de menú "Gestión Documentos – Relación de Accidentes de Trabajo Sin Baja médica" y "Consultar Remesa".

Filtramos la búsqueda de remesas importadas por alguno de los campos que se presentan y pulsamos "Aceptar".

En la lista que se presenta, seleccionamos la remesa importada que deseemos consultar pulsando cualquiera de sus campos.

También permite ver el contenido de la Remesa tras pulsar el icono .

5.2.6. Comunicaciones Urgentes

- **Para emitir una Comunicación Urgente** es necesario el haber accedido a la aplicación con el certificado asociado al perfil "Representante de Empresa".

  Pulsamos la opción de menú "Gestión Documentos – Comunicaciones Urgentes" y "Emitir".

  Completamos los campos obligatorios que componen la Comunicación Urgente.

  Para enviar el documento pulsamos "Enviar". Nos encontraremos una ventana de confirmación.

  Pulsamos "Firmar", elegimos el certificado con el que se va a firmar el envío y aceptamos.

  Aparece una ventana indicando el resultado de la operación.

- **Para consultar Comunicaciones Urgente** es necesario el haber accedido a la aplicación con el certificado asociado al perfil "Representante de Empresa".

  Pulsamos la opción de menú "Gestión Documentos – Comunicaciones Urgentes" y "Consultar".

  Introducimos los parámetros de búsqueda que deseemos y pulsamos "Buscar".

  El sistema nos mostrará un listado de aquellos documentos que cumplen con todos los criterios de búsqueda establecidos.

  Desde este listado tenemos varías posibilidades:

  ⇨ Ver en detalle los datos del documento pinchando sobre el campo "CIF O NIF/NIE".

  ⇨ Consultar los originales del documento.

- **Para una consulta de originales de Comunicaciones Urgentes** es necesario el haber accedido a la aplicación con el certificado asociado al perfil "Representante de Empresa".

Pulsamos la opción de menú "Gestión Documentos – Comunicaciones Urgentes" y "Consultar".

Introducimos los parámetros de búsqueda que deseemos y pulsamos "Buscar".

Pinchamos en el campo  el documento del que se quiera consultar el listado de originales.

No todos los Comunicados Urgentes disponen de este campo ya que, si el mismo fue creado por un usuario no registrado en Delt@, este paso no generó un original.

Pinchamos en el campo "Fecha de Entrada" del original que queramos consultar.

▶ Si se deseamos imprimir el original pulsamos "Imprimir".
▶ Si se deseamos extraer el original a fichero pulsamos
▶ "Extraer Original", y seleccionamos "Abrir" o "Guardar".
▶ Si deseamos guardar seleccionamos la ubicación en el disco local donde descagar el archivo y pulsamos "Guardar".

5.3. Autoridad laboral autonómica

Dado que el objetivo de este curso son los trámites que podemos realizar con la Seguridad Social y la tramitación interior en la misma no es objeto de nuestro estudio, en este punto señalaremos únicamente que la autoridad laboral es la que se encarga de la recepción, tramitación y posterior evaluación de los datos volcados en la misma.

La autoridad laboral se organiza jerárquicamente según sea su competencia autonómica o provincial.

Existe una posibilidad en la que la autoridad laboral autonómica pueda asumir las funciones de las autoridades autonómicas provinciales. En este caso, se deberá formalizar una petición por escrito al Ministerio comunicando el deseo de actuar sobre los documentos a nivel autonómico. En el momento en que el Ministerio acepte dicha petición, la autoridad laboral autonómica será la que reciba y acepte o rechace la documentación que se presenta en Delt@, mientras las autoridades laborales provinciales solo podrán consultar.

No obstante, los accesos y procesos son muy similares a los de las empresas.

5.4. Entidad colaboradora gestora

 Una **Mutua o entidad colaboradora** es una asociación de empresarios sin ánimo de lucro que colabora con el sistema de Seguridad Social en la gestión de las prestaciones de contingencias profesionales, la incapacidad temporal o el cese de actividad de los trabajadores autónomos.

En dependencia y colaboración con la autoridad laboral, gestionará los partes y remesas que las empresas que tengan adheridas les envíen.

No obstante, los accesos y procesos, como es habitual dentro de todo programa informático son muy similares a los de las empresas.

 **Accidente de trabajo** es toda lesión corporal que el trabajador sufra con ocasión o por consecuencia del trabajo que ejecute por cuenta ajena.

- Características de un accidente:

    ⇨ Que el trabajador/a sufra una lesión corporal.

    ⇨ Que ejecute una labor por cuenta ajena.

    ⇨ Que exista una relación de causalidad directa entre trabajo – lesión.

- Tipos de accidentes:

    ⇨ Accidente de trabajo con baja médica.

    ⇨ Accidente de trabajo sin baja médica.

    ⇨ Accidente con riesgo biológico.

    ⇨ Accidente que requiere notificación urgente.

Incidente es todo aquel suceso que pueda o hubiera podido causar pérdidas económicas o lesiones en los trabajadores.

Sistema DELT@ es un sistema global de comunicaciones para la notificación y el tratamiento de los accidentes de trabajo.

TEST DE UNIDADES DIDÁCTICAS

Enunciados

Unidad 1

1. Identifica la afirmación correcta:

a) La sede electrónica de la Seguridad Social tiene tres apartados principales: Ciudadanos; Registro electrónico; Empresas, Administraciones y Mutuas.

b) La sede electrónica de la Seguridad Social tiene tres apartados principales: Registro de apoderamientos ciudadanos, Administraciones y Mutuas.

c) La sede electrónica de la Seguridad Social tiene tres apartados principales: Ciudadanos, Empresas y Administraciones y Mutuas.

d) La sede electrónica de la Seguridad Social tiene cinco apartados principales: Inicio, Conócenos, Trabajadores, Empresarios y Pensionistas.

2. Determina si la siguiente afirmación es verdadera o falsa:
"La información de la Sede Electrónica ha de estar actualizada".

a) Verdadero.

b) Falso.

3. Determina si la siguiente afirmación es verdadera o falsa:
"En la oficina de registro podemos ir nosotros o enviar a cualquier persona de la empresa en nuestra representación".

a) Verdadero.

b) Falso.

4. Identifica la afirmación correcta:

a) PKI es el conjunto de cosas necesarias de hardware, software, políticas y procedimientos de seguridad que hacen posible la visión de plataformas digitales de vídeo bajo demanda (VOD).

b) PKI es el conjunto de hardware y software que hacen posible con garantías la comunicación mediante el uso de los certificados digitales y firmas digitales.

c) PKI es el conjunto de cosas necesarias de hardware, software, políticas y procedimientos de seguridad que hacen posible y con garantías las comunicaciones mediante el uso de los certificados digitales y firmas digitales.

d) PKI es el conjunto de políticas y procedimientos de seguridad que hacen posible con garantías las comunicaciones mediante el uso de los certificados digitales y firmas digitales.

5. **Identifica la afirmación correcta:**

   a) Tanto las Administraciones como las Mutuas podrán acceder a la Sede y realizar trámites durante las 24 horas del día y los 365 días del año., sin importar los plazos del trámite.

   b) Tanto las Administraciones como las Mutuas podrán acceder a la Sede y realizar trámites durante las 24 horas del día y los 365 días del año.

   c) Tanto las Administraciones como las Mutuas podrán acceder a la Sede y realizar trámites durante las 24 horas del día y los 365 días del año, pero de 02:00 a 04:00 estará deshabilitada para tareas de mantenimiento.

   d) Tanto las Administraciones como las Mutuas podrán acceder a la Sede y realizar trámites durante las 24 horas del día y los 365 días del año y se tendrán por realizadas en el momento de su realización independientemente de cuando se realicen.

6. **Identifica la afirmación correcta:**

   a) El Registro electrónico que existe en la Sede Electrónica es un registro general del Estado y nos permite presentar todo tipo de documentos para todas las administraciones.

   b) El Registro Común Electrónico y el Registro electrónico de la Sede Electrónica son el mismo, pero el acceso es diferente.

   c) Como norma general, a través del Registro electrónico, solo haremos la presentación de la documentación relacionada con un documento que hallamos recibido de la Seguridad Social.

   d) El Registro electrónico de la Sede electrónica es una plataforma donde los profesionales se comunican con la Tesorería General de la Seguridad Social e interactúan para el intercambio documentación e información en Internet.

7. **Identifica la afirmación correcta:**

   a) Un certificado digital consiste en un conjunto de datos que se incorporan al navegador del usuario, y es una herramienta que permite garantizar técnica y legalmente la identidad del emisor de un documento a través de Internet.

   b) Un certificado digital consiste en un conjunto de datos que se incorporan al sistema operativo del usuario, y es una herramienta que permite garantizar técnica y legalmente la identidad del emisor de un documento a través de Internet.

   c) Un certificado digital consiste en un conjunto de datos que se incorporan al escritorio del usuario, y es una herramienta que permite garantizar técnica y legalmente la identidad del emisor de un documento a través de Internet.

   d) Un certificado digital consiste en un conjunto de datos que se incorporan al navegador del usuario, y es una herramienta que no permite garantizar técnica y legalmente la identidad del emisor de un documento a través de Internet.

8. Determina si la siguiente afirmación es verdadera o falsa:
   "Podemos obtener nuestra Cl@ve a través de tres métodos: a través de Internet sin certificado electrónico, a través de Internet con certificado electrónico y presencialmente en una Oficina de Registro, y todas ellas nos dan la misma accesibilidad".

   a) Verdadero.
   b) Falso.

9. Identifica la afirmación correcta:

   a) Los pasos a dar para la obtención de un certificado electrónico son: obtener el código de solicitud y descargar nuestro certificado.
   b) Los pasos a dar para la obtención de un certificado electrónico son: obtener el código de solicitud, registrar la solicitud en una oficina.
   c) Los pasos a dar para la obtención de un certificado electrónico son: registrar la solicitud en una oficina y descargar nuestro certificado.
   d) Los pasos a dar para la obtención de un certificado electrónico son: obtener el código de solicitud, registrar la solicitud en una oficina y descargar nuestro certificado.

10. Identifica la afirmación correcta:

   a) Una Sede Electrónica debe responder a principios tales como: Calidad, Inaccesibilidad, Publicidad, Neutralidad.
   b) Una Sede Electrónica debe responder a principios tales como: Calidad, Responsabilidad, Publicidad, Parcialidad.
   c) Una Sede Electrónica debe responder a principios tales como: Calidad, Responsabilidad, Publicidad, Neutralidad.
   d) Una Sede Electrónica debe responder a principios tales como: Calidad, Responsabilidad, Prudencia, Parcialidad.

Unidad 2

1. Determina si la siguiente afirmación es verdadera o falsa:
   "La sede electrónica es un sitio web en el que se pueden realizar distintas gestiones y tareas y no requiere un nivel de seguridad específico".

   a) Verdadero.
   b) Falso.

2. Determina si la siguiente afirmación es verdadera o falsa:
   "El portal de Internet de la Seguridad Social es un sitio web en el que se pueden realizar distintas gestiones y tareas y no requiere un nivel de seguridad específico".

   a) Verdadero.
   b) Falso.

3. Identifica la afirmación correcta:

   a) "Obtener Cita Previa para Pensiones y Otras Prestaciones" es un trámite que podemos encontrar dentro de Ciudadanos/Cita previa para pensiones y otras prestaciones.
   b) "Obtener Cita Previa para Pensiones y Otras Prestaciones" es un trámite que podemos encontrar dentro de Ciudadanos/Pensiones.
   c) "Obtener Cita Previa para Pensiones y Otras Prestaciones" es un trámite que podemos encontrar dentro de Ciudadanos/Variación de datos.
   d) "Obtener Cita Previa para Pensiones y Otras Prestaciones" es un trámite que podemos encontrar dentro de Ciudadanos/Familia.

4. Identifica la afirmación correcta:

   a) La Sede Electrónica y el portal de la Seguridad Social tienen la misma organización y están interconectadas entre sí.
   b) En el acceso a través de su portal nos encontramos con una división en tres desplegables.
   c) Existen dos formas de acceder a la Seguridad Social en Internet, una es a través de su portal y la otra a través de la Sede Electrónica.
   d) En el acceso a través de la Sede Electrónica nos encontramos con una división en cinco desplegables.

5. Identifica la afirmación correcta:

a) CEPROSS es el Centro de Enseñanza Profesional de la Seguridad Social.
b) CEPROSS es el sistema de Comunicación de Enfermedades Profesionales en la Seguridad Social.
c) CEPROSS es el sistema de Comunicación de Enfermedades de las Profesiones en la Seguridad Social.
d) CEPROSS es el sistema de Centro de Profesionalización de la Seguridad Social.

6. Identifica la afirmación correcta:

a) Para solicitar un Informe de Vida Laboral únicamente lo podemos hacer si tenemos un Certificado electrónico.
b) Podemos solicitar un Informe de Vida Laboral sin certificado.
c) No podemos solicitar un Informe de Vida Laboral sin certificado.
d) La Vida Laboral no es un Informe que podamos solicitar online.

7. Determina si la siguiente afirmación es verdadera o falsa:
"El Informe de Bases de Cotización se puede solicitar con y sin certificado electrónicos".

a) Verdadero.
b) Falso.

8. Identifica la opción correcta:

a) SILCOM era un certificado digital propio de la Tesorería TGSS para el uso exclusivo en el ámbito de la Seguridad Social y era empleado por las empresas y usuarios para las comunicaciones y transmisiones de datos con el servicio del sistema REM.
b) SILCOM era un certificado digital propio de la Tesorería TGSS para el uso exclusivo en el ámbito de la Seguridad Social y era empleado por las empresas y usuarios para las comunicaciones y transmisiones de datos con el servicio del sistema REDES.
c) SILCOM era un certificado digital propio de la Tesorería TGSS para el uso exclusivo en el ámbito de la Seguridad Social y era empleado por las empresas y usuarios para las comunicaciones y transmisiones de datos con el servicio del sistema RED.
d) SILCOM era un certificado digital propio de la Tesorería TGSS para el uso exclusivo en el ámbito de la Seguridad Social y era empleado por las empresas y usuarios para las comunicaciones y transmisiones de datos con el servicio del sistema REDESCOM.

9. **Identifica la opción correcta:**
   "Son opciones que tenemos en la Sede Electrónica":

   a) Autocálculo de la pensión de jubilación.
   b) Comunicación de datos del cónyuge de pensionistas.
   c) Comunicación inicio/fin de la actividad laboral de pensionistas.
   d) Todas son correctas.

10. **Identifica la opción correcta:**

   a) La Tarjeta Sanitaria Europea solo se puede solicitar presencialmente.
   b) La Tarjeta Sanitaria Europea se puede solicitar con y sin certificado digital.
   c) La Tarjeta Sanitaria Europea solo se puede solicitar con certificado digital.
   d) Ninguna es correcta.

Unidad 3

1. Identifica la afirmación correcta:

a) RED Directo exige una autorización previa para su utilización. Esta autorización se concede a aquellos sujetos responsables de la obligación de cotizar, siempre que gestionen CCCs con un número no superior a 5 trabajadores en el momento de solicitar dicha autorización o hasta un máximo de 25 trabajadores si aumenta a lo largo de la vida del CCC.

b) RED Directo exige una autorización previa para su utilización. Esta autorización se concede a aquellos sujetos responsables de la obligación de cotizar, siempre que gestionen CCCs con un número no superior a 10 trabajadores en el momento de solicitar dicha autorización o hasta un máximo de 25 trabajadores si aumenta a lo largo de la vida del CCC.

c) RED Directo exige una autorización previa para su utilización. Esta autorización se concede a aquellos sujetos responsables de la obligación de cotizar, siempre que gestionen CCCs con un número no superior a 15 trabajadores en el momento de solicitar dicha autorización o hasta un máximo de 25 trabajadores si aumenta a lo largo de la vida del CCC.

d) RED Directo exige una autorización previa para su utilización. Esta autorización se concede a aquellos sujetos responsables de la obligación de cotizar, siempre que gestionen CCCs con un número no superior a 25 trabajadores en el momento de solicitar dicha autorización o hasta un máximo de 35 trabajadores si aumenta a lo largo de la vida del CCC.

2. Identifica la afirmación correcta:

a) La huella electrónica aporta la misma validez legal que el sellado físico en una oficina física de la Administración.

b) La huella electrónica sólo aporta validez dentro de la relación entre empresa y Tesorería General de la Seguridad Social, nunca frente a terceros.

c) La huella electrónica aporta validez al documento, pero en un grado menor que si hubiera sido sellada en una oficina física.

d) La huella electrónica no aporta validez jurídica, únicamente permite justificación de la presentación de los archivos o documentos.

3. **Identifica la afirmación correcta:**

   a) Dentro del apartado Incapacidad Temporal online podremos actuar con la presentación de los Partes Médicos, permitiéndosenos tramitar únicamente los Partes de Baja Médica (PB).

   b) Dentro del apartado Incapacidad Temporal online podremos realizar los trámites de comunicación con la Entidad Gestora de la Seguridad Social que ésta nos requiera.

   c) Dentro del apartado Incapacidad Temporal online, podremos actuar con la presentación de los Partes Médicos, permitiéndosenos tramitar únicamente los Partes de Alta Médica (PA).

   d) Dentro del apartado Incapacidad Temporal online, podremos actuar con la presentación de los Partes Médicos, permitiéndosenos tramitar los Partes de Confirmación (PC).

4. **Identifica la afirmación correcta:**

   a) Cuando una empresa dentro del Sistema RED solicita la vida laboral de un trabajador, este informe contiene toda la vida laboral del trabajador.

   b) Cuando una empresa dentro del Sistema RED solicita la vida laboral de un trabajador, este informe contiene toda la vida laboral del trabajador a excepción de los contratos formativos.

   c) Cuando una empresa dentro del Sistema RED solicita la vida laboral de un trabajador, este informe contiene la vida laboral de ese trabajador en relación con ese Código Cuenta de Cotización.

   d) Cuando una empresa dentro del Sistema RED solicita la vida laboral de un trabajador, este informe contiene la totalidad de la vida laboral del trabajador sin más excepción que los períodos de prueba.

5. **Identifica la afirmación correcta. El objetivo del apartado "Gestión de Deuda" es:**

   a) Avisar al responsable de la cotización de la existencia de una deuda.

   b) Avisar al trabajador de la existencia de una deuda por parte de la empresa de una cotización referida a él.

   c) Solicitar aplazamiento de pago con la consiguiente generación de una deuda.

   d) Dar la máxima información posible relativa a las deudas de las empresas gestionadas por los usuarios del Sistema RED.

6. **Identifica la afirmación correcta:**

   a) La opción "Trámites alertas" nos permite solucionar los problemas de actualización de software.

   b) La opción "Trámites alertas" nos permite crear alertas para determinadas fechas, horas y trámites y que de esta manera no se nos pasen.

   c) La opción "Trámites alertas" no existe en el Sistema RED.

   d) La opción "Trámites alertas" nos permite consultar los trámites o incidencias pendientes.

7. **Determina si la siguiente afirmación es verdadera o falsa:**
   "Los trabajadores del RETA (Régimen Especial de Trabajadores Autónomos) no pueden utilizar el Sistema RED ya que tienen una plataforma específica para sus cotizaciones, trámites y comunicaciones".

   a) Verdadero.

   b) Falso.

8. **Identifica la afirmación correcta:**

   a) La opción "trámites de los trabajadores" dentro del Sistema RED es el apartado destinado a los trabajadores para que puedan realizar sus gestiones con la Seguridad social.

   b) La opción "trámites de los trabajadores" dentro del Sistema RED es el apartado destinado a las empresas para que puedan realizar sus gestiones con la Seguridad social: altas, bajas, variaciones, etc.

   c) La opción "trámites de los trabajadores" dentro del Sistema RED es el apartado destinado a los trabajadores para que puedan presentar sus comunicaciones.

   d) La opción "trámites de los trabajadores" dentro del Sistema RED es el apartado destinado a las empresas para que puedan realizar las gestiones con la Seguridad social que les pidan sus trabajadores.

9. **Determina si la siguiente afirmación es verdadera o falsa:**
   "En el caso de no tener el número de afiliación del trabajador, lo podemos consultar a partir del (IPF) DNI, pasaporte o NIE, y de los apellidos y nombre del trabajador en la opción de "consultas de NAF por IPF".

   a) Verdadero.

   b) Falso.

10. Identifica la afirmación correcta:

a) Una vez obtenido un recibo de cotización en la confirmación, este no puede ser modificado de ningún modo.

b) Una vez obtenido un recibo de cotización en la confirmación, este solo puede ser modificado presencialmente en las oficinas de la Tesorería General de la Seguridad Social.

c) Una vez obtenido un recibo de cotización en la confirmación, este solo se puede modificar para solicitar un aplazamiento de pago.

d) Una vez obtenido un recibo de cotización en la confirmación, se pueden realizar distintas actuaciones tales como el cambio de la modalidad de pago, cambio de número de cuenta y otras, todas ellas a través del Sistema.

Unidad 4

1. **Determina si la siguiente afirmación es verdadera o falsa:**
   "Dentro del Contrat@, y a su vez dentro de la opción Gestión de la Autorización, y una vez que tenemos concedida la autorización por el SEPE, podremos cambiar al representante de la empresa, entre otras cosas".

   a) Verdadero.
   b) Falso.

2. **Identifica la afirmación correcta:**

   a) La copia básica contendrá todos los datos del contrato a excepción de las cláusulas específicas del contrato.
   b) La copia básica contendrá todos los datos del contrato referidos a identificación de las partes.
   c) La copia básica contendrá todos los datos del contrato a excepción del número del DNI, domicilio, estado civil y cualquier otro dato que pueda afectar a la identidad personal del interesado.
   d) La copia básica contendrá todos los datos del contrato a excepción de las cláusulas que especifican el horario individual del trabajador.

3. **Identifica la afirmación correcta:**

   a) Las prórrogas no es necesario comunicarlas.
   b) De las prórrogas solo es necesario comunicar la finalización.
   c) Comunicación de prórroga es la opción válida para comunicar los datos de una prórroga.
   d) Comunicación de prórroga no es una opción que esté disponible en Contrat@ actualmente, aunque se está trabajando en ello.

4. **Identifica la afirmación correcta:**

   a) Todo contrato de trabajo es indefinido y a jornada completa, siempre.
   b) Ningún contrato de trabajo es indefinido y a jornada completa. No existen.
   c) Todo contrato de trabajo es indefinido y a jornada completa, siempre que en el contrato de trabajo no se establezca lo contrario.
   d) Todo contrato de trabajo es indefinido y a jornada completa, siempre que en el contrato de trabajo se establezca lo contrario.

5. **Identifica la afirmación correcta:**

a) La transformación de un contrato de duración determinada en indefinido es una opción de la que carece el Contrta@.
b) La transformación de un contrato de duración determinada en indefinido debe ser comunicada físicamente en papel en las oficinas del SEPE
c) La transformación de un contrato de duración determinada en indefinido la podremos realizar mediante la opción Transformación.
d) La transformación de un contrato de duración determinada en indefinido la podremos realizar mediante la opción "Transformación a indefinido".

6. **Identifica la afirmación correcta:**

a) Para trabajar con Contrat@ debemos solicitar una autorización administrativa a través de la aplicación y en los 30 días siguientes en las oficinas del Servicio Público de Empleo presentar la solicitud firmada y sellada y la documentación acreditativa. Al recibir la concesión por correo electrónico se puede empezar a trabajar.
b) Para trabajar con Contrat@ debemos solicitar una autorización administrativa en las oficinas del Servicio Público de Empleo.
c) Para trabajar con Contrat@ debemos solicitar una autorización administrativa a través de la aplicación y en los 30 días siguientes en las oficinas del Servicio Público de Empleo presentar la documentación acreditativa. Al recibir la concesión por correo electrónico se puede empezar a trabajar.
d) Para trabajar con Contrat@ debemos solicitar una concesión administrativa en las oficinas del Servicio Público de Empleo.

7. **Determina si la siguiente afirmación es verdadera o falsa:**
"Al generar un fichero XML podemos incluir distintos tipos de comunicación como contratos, prórrogas, copias básicas y otras".

a) Verdadero.
b) Falso.

8. **Identifica la afirmación correcta:**

a) Para trabajar con el sistema Contrat@ solo es preciso tener autorización para hacerlo.
b) Para trabajar con el sistema Contrat@ solo es preciso descargarla en nuestro equipo y empezar a trabajar.
c) Para trabajar con el sistema Contrat@ es preciso tener autorización para hacerlo y además un Certificado Digital.
d) Para trabajar con el sistema Contrat@ ni siquiera es preciso tener autorización para hacerlo.

9. **Identifica la afirmación correcta:**

   a) La Clave Personal deberá ser numérica y entre un mínimo de 8 y un máximo de 20 caracteres.
   b) La Clave Personal deberá ser alfanumérica y entre un mínimo de 18 y un máximo de 28 caracteres.
   c) La Clave Personal deberá ser numérica y entre un mínimo de 20 y un máximo de 28 caracteres.
   d) La Clave Personal deberá ser alfanumérica y entre un mínimo de 8 y un máximo de 20 caracteres.

10. **Identifica la afirmación correcta:**

   a) El Sistema Contra@ es una aplicación facilitada por la Tesorería General de la Seguridad Social (TGSS).
   b) El Sistema Contra@ es una aplicación facilitada por el Instituto Social de la Marina (ISM).
   c) El Sistema Contra@ es una aplicación facilitada por el Servicio Público de Empleo (SEPE).
   d) El Sistema Contra@ es una aplicación facilitada por el Instituto Nacional de la Seguridad Social (INSS).

Unidad 5

1. **Identifica cuál es un sistema global de comunicaciones para la notificación y el tratamiento de los accidentes de trabajo:**

   a) SILTR@.
   b) Winsuite32.
   c) DELT@.
   d) Contrat@.

2. **Identifica la afirmación correcta:**

   a) Para corregir un Parte de Accidente de Trabajo no es necesario el haber accedido a la aplicación con el certificado asociado al perfil "Representante de Empresa".
   b) Para corregir un Parte de Accidente de Trabajo es necesario el haber accedido a la aplicación con el certificado asociado al perfil "Representante de Empresa".
   c) Para corregir un Parte de Accidente de Trabajo es necesario el haber indicado previamente que necesitaríamos modificarlo.
   d) No se puede corregir un Parte de Accidente de Trabajo.

3. **Determina si la siguiente afirmación es correcta o falsa:**
   Para evitar errores Delt@ tiene una doble comprobación antes de realizar un envío: debemos pulsar "Firmar" y "Enviar" y se abre una ventana de confirmación en la que pulsar "Aceptar".

   a) Verdadero.
   b) Falso.

4. Identifica la afirmación correcta:

a) Accidente que requiere notificación urgente es aquel en el que nos encontramos con un accidente sufrido por un cliente, en el centro de trabajo o durante el desplazamiento, con fallecimiento del mismo, que sea considerado grave o muy grave o afecte a más de cuatro trabajadores, independientemente de que pertenezcan o no todos ellos a la plantilla de la empresa.

b) Accidente que requiere notificación urgente es aquel en el que nos encontramos con un accidente sufrido por un trabajador, en el centro de trabajo o durante el desplazamiento, con fallecimiento del mismo, que sea considerado grave o muy grave o afecte a más de cuatro trabajadores, independientemente de que pertenezcan o no todos ellos a la plantilla de la empresa.

c) Accidente que requiere notificación urgente es aquel en el que nos encontramos con un accidente sufrido por un trabajador, en el centro de trabajo o durante el desplazamiento.

d) Accidente que requiere notificación urgente es aquel en el que nos encontramos con un accidente sufrido por un trabajador, en su casa durante el descanso semanal, con fallecimiento del mismo, que sea considerado grave o muy grave o afecte a más de cuatro trabajadores, independientemente de que pertenezcan o no todos ellos a la plantilla de la empresa.

5. Determina si la afirmación es correcta o falsa:
"En caso de no poder realizar la comunicación urgente el responsable del centro la puede realizar, a través del Sistema Delt@, cualquier otro usuario del Sistema, aunque no esté registrado".

a) Verdadero.
b) Falso.

6. Determina si la siguiente afirmación es verdadera o falsa:
"Los incidentes no deben comunicarse ya que no causan lesiones corporales, ni daños, ni pérdidas económicas".

a) Verdadero.
b) Falso.

7. **Identifica la afirmación correcta:**

   a) Se entiende por accidente de trabajo toda lesión que el trabajador sufra con ocasión o por consecuencia del trabajo que ejecute por cuenta ajena.
   b) Se entiende por accidente de trabajo toda molestia corporal que el trabajador sufra con ocasión o por consecuencia del trabajo que ejecute por cuenta ajena.
   c) Se entiende por accidente de trabajo toda molestia que el trabajador sufra con ocasión o por consecuencia del trabajo que ejecute por cuenta ajena.
   d) Se entiende por accidente de trabajo toda lesión corporal que el trabajador sufra con ocasión o por consecuencia del trabajo que ejecute por cuenta ajena.

8. **Identifica la afirmación correcta:**

   a) Se debe entender por "incidente" todo aquel suceso que pueda o hubiera podido causar pérdidas económicas o lesiones en los clientes.
   b) Se debe entender por "incidente" todo aquel suceso que pueda o hubiera podido causar pérdidas económicas o lesiones en las Mutuas.
   c) Se debe entender por "incidente" todo aquel suceso que pueda o hubiera podido causar pérdidas económicas o lesiones en los empresarios.
   d) Se debe entender por "incidente" todo aquel suceso que pueda o hubiera podido causar pérdidas económicas o lesiones en los trabajadores.

9. **Identifica cuales de los siguientes tendrán la consideración de accidentes de trabajo:**

   a) Los que sufra el trabajador al ir o volver del lugar de trabajo.
   b) Los ocurridos con ocasión o por consecuencia de las tareas que ejecute el trabajador en cumplimiento de las ordenes de su superior.
   c) Las enfermedades que contraiga el trabajador con motivo de la realización de su trabajo, siempre que la enfermedad sea por causa exclusiva de la ejecución del mismo.
   d) Todas son correctas.

10. **Identifica la afirmación correcta:**

    a) Delta nos permite seleccionar el formato de fichero de la exportación: Texto, ZIP o XML.
    b) Delta nos permite seleccionar el formato de fichero de la exportación: Texto o XML.
    c) Delta nos permite seleccionar el formato de fichero de la exportación: Texto, ZIP, JPG o XML.
    d) Delta nos permite seleccionar el formato de fichero de la exportación: Texto, ZIP, JPG, PNG o XML.

Evaluación Final

1. **Identifica la afirmación correcta:**

   a) Para corregir un Parte de Accidente de Trabajo no es necesario el haber accedido a la aplicación con el certificado asociado al perfil "Representante de Empresa".

   b) Para corregir un Parte de Accidente de Trabajo es necesario el haber accedido a la aplicación con el certificado asociado al perfil "Representante de Empresa".

   c) Para corregir un Parte de Accidente de Trabajo es necesario el haber indicado previamente que necesitaríamos modificarlo.

   d) No se puede corregir un Parte de Accidente de Trabajo.

2. **Identifica la afirmación correcta:**

   a) RED Directo exige una autorización previa para su utilización. Esta autorización se concede a aquellos sujetos responsables de la obligación de cotizar, siempre que gestionen C.C.C.s con un número no superior a 5 trabajadores en el momento de solicitar dicha autorización o hasta un máximo de 25 trabajadores si aumenta a lo largo de la vida del C.C.C.

   b) RED Directo exige una autorización previa para su utilización. Esta autorización se concede a aquellos sujetos responsables de la obligación de cotizar, siempre que gestionen C.C.C.s con un número no superior a 10 trabajadores en el momento de solicitar dicha autorización o hasta un máximo de 25 trabajadores si aumenta a lo largo de la vida del C.C.C.

   c) RED Directo exige una autorización previa para su utilización. Esta autorización se concede a aquellos sujetos responsables de la obligación de cotizar, siempre que gestionen C.C.C.s con un número no superior a 15 trabajadores en el momento de solicitar dicha autorización o hasta un máximo de 25 trabajadores si aumenta a lo largo de la vida del C.C.C.

   d) RED Directo exige una autorización previa para su utilización. Esta autorización se concede a aquellos sujetos responsables de la obligación de cotizar, siempre que gestionen C.C.C.s con un número no superior a 25 trabajadores en el momento de solicitar dicha autorización o hasta un máximo de 35 trabajadores si aumenta a lo largo de la vida del C.C.C.

3. **Identifica la afirmación correcta:**

   a) El Sistema Contra@ es una aplicación facilitada por la Tesorería General de la Seguridad Social (TGSS).

   b) El Sistema Contra@ es una aplicación facilitada por el Instituto Social de la Marina (ISM).

   c) El Sistema Contra@ es una aplicación facilitada por el Servicio Público de Empleo (SEPE).

   d) El Sistema Contra@ es una aplicación facilitada por el Instituto Nacional de la Seguridad Social (INSS).

4. **Determina si la siguiente afirmación es correcta**

   a) La opción "trámites de los trabajadores" dentro del Sistema RED es el apartado destinado a los trabajadores para que puedan realizar sus gestiones con la Seguridad social.

   b) La opción "trámites de los trabajadores" dentro del Sistema RED es el apartado destinado a las empresas para que puedan realizar sus gestiones con la Seguridad social: altas, bajas, variaciones, etc.

   c) La opción "trámites de los trabajadores" dentro del Sistema RED es el apartado destinado a los trabajadores para que puedan presentar sus comunicaciones.

   d) La opción "trámites de los trabajadores" dentro del Sistema RED es el apartado destinado a las empresas para que puedan realizar las gestiones con la Seguridad social que les pidan sus trabajadores..

5. **Identifica la afirmación correcta:**

   a) Para trabajar con Contrat@ debemos solicitar una autorización administrativa a través de la aplicación y en los 30 días siguientes en las oficinas del Servicio Público de Empleo presentar la solicitud firmada y sellada y la documentación acreditativa. Al recibir la concesión por correo electrónico se puede empezar a trabajar.

   b) Para trabajar con Contrat@ debemos solicitar una autorización administrativa en las oficinas del Servicio Público de Empleo.

   c) Para trabajar con Contrat@ debemos solicitar una autorización administrativa a través de la aplicación y en los 30 días siguientes en las oficinas del Servicio Público de Empleo presentar la documentación acreditativa. Al recibir la concesión por correo electrónico se puede empezar a trabajar.

   d) Para trabajar con Contrat@ debemos solicitar una concesión administrativa en las oficinas del Servicio Público de Empleo.

6. **Identifica la afirmación correcta:**

a) Se entiende por accidente de trabajo toda lesión que el trabajador sufra con ocasión o por consecuencia del trabajo que ejecute por cuenta ajena.
b) Se entiende por accidente de trabajo toda molestia corporal que el trabajador sufra con ocasión o por consecuencia del trabajo que ejecute por cuenta ajena.
c) Se entiende por accidente de trabajo toda molestia que el trabajador sufra con ocasión o por consecuencia del trabajo que ejecute por cuenta ajena.
d) Se entiende por accidente de trabajo toda lesión corporal que el trabajador sufra con ocasión o por consecuencia del trabajo que ejecute por cuenta ajena.

7. **Identifica la afirmación correcta:**

a) Están obligados al uso del Sistema RED las empresas encuadradas en el Régimen General, el Régimen Especial de Trabajadores del Mar y en el Régimen Especial de la Minería del Carbón; además de los sujetos responsables obligados a cotizar encuadrados en el Régimen Especial de Trabajadores Autónomos o trabajadores por cuenta propia, los trabajadores del Régimen Especial de Trabajadores del Mar encuadrados en el grupo 1º del art. 10 de la Ley 47/2015 y los trabajadores del Régimen Especial de Empleados de Hogar.
b) Están obligados al uso del Sistema RED las empresas encuadradas en el Régimen General, el Régimen Especial de Trabajadores del Mar y en el Régimen Especial de la Minería del Carbón; además de los sujetos responsables obligados a cotizar encuadrados en: el Régimen Especial de Trabajadores Autónomos o trabajadores por cuenta propia y los trabajadores del Régimen Especial de Trabajadores del Mar encuadrados en el grupo 1º del art. 10 de la Ley 47/2015 y los trabajadores de los Cuerpos y Fuerzas de Seguridad del Estado.
c) Están obligados al uso del Sistema RED las empresas encuadradas en el Régimen General, el Régimen Especial de Trabajadores del Mar y en el Régimen Especial de la Minería del Carbón; además de los sujetos responsables obligados a cotizar encuadrados en el Régimen Especial de Trabajadores Autónomos o trabajadores por cuenta propia y los trabajadores del Régimen Especial de Trabajadores del Mar encuadrados en el grupo 1º del art. 10 de la Ley 47/2015.
d) Están obligados al uso del Sistema RED las empresas encuadradas en el Régimen General, el Régimen Especial de Trabajadores del Mar y en el Régimen Especial de la Minería del Carbón y en el Régimen Especial de Artistas; además de los sujetos responsables obligados a cotizar encuadrados en el Régimen Especial de Trabajadores Autónomos o trabajadores por cuenta propia y los trabajadores del Régimen Especial de Trabajadores del Mar encuadrados en el grupo 1º del art. 10 de la Ley 47/2015.

8. **Determina si la siguiente afirmación es verdadera o falsa:**
   "Podemos obtener nuestra Cl@ve a través de internet, por videollamada o con carta de invitación, si se tratade un registro básico."

   a) Verdadero.
   b) Falso.

9. **Determina si la siguiente afirmación es verdadera o falsa:**
   "Los incidentes no deben comunicarse ya que no causan lesiones corporales, ni daños, ni pérdidas económicas"

   a) Verdadero.
   b) Falso.

10. **Identifica la afirmación correcta:**

    a) La huella electrónica aporta la misma validez legal que el sellado físico en una oficina física de la Administración.
    b) La huella electrónica solo aporta validez dentro de la relación entre empresa y Tesorería General de la Seguridad Social, nunca frente a terceros.
    c) La huella electrónica aporta validez al documento, pero en un grado menor que si hubiera sido sellada en una oficina física.
    d) La huella electrónica no aporta validez jurídica, únicamente permite justificación de la presentación de los archivos o documentos.

TEST DE UNIDADES DIDÁCTICAS

Soluciones

Unidad 1

1. **c)** La Sede Electrónica de la Seguridad Social tiene tres apartados principales: Ciudadanos, Empresas y Administraciones y Mutuas.

> Los apartados principales de la Sede Electrónica de la Seguridad Social son tres: Ciudadanos, Empresas y Administraciones y Mutuas.
> El Registro de apoderamiento de ciudadanos no existe.
> El Registro electrónico existe pero es el acceso a una funcionalidad secundaria de la Sede. Y los cinco apartados de la respuesta d es la división que ofrece el portal de la Seguridad Social.

2. **a)** Verdadero.

> Una Sede Electrónica, por imperativo legal, debe cumplir una serie de requisitos:
> • Integridad de los contenidos.
> • Veracidad de los contenidos.
> • La información ha de estar actualizada.
> • Los servicios han de estar actualizados.
> • Garantizar la identidad del titular de la Sede.
> • Garantizar un medio para formular quejas y sugerencias.

3. **b)** Falso.

> Nos tenemos que presentar personalmente para acreditar nuestra identidad de manera física y así poder actuar virtualmente a través de Internet.

4. **c)** PKI es el conjunto de cosas necesarias de hardware, software, políticas y procedimientos de seguridad que hacen posible y con garantías las comunicaciones mediante el uso de los certificados digitales y firmas digitales.

> PKI es el conjunto de cosas necesarias de hardware, software, políticas y procedimientos de seguridad que hacen posible con garantías la comunicaciones mediante el uso de los certificados digitales y firmas digitales.
> Entonces, a) no es válido porque no se refiere a nada relacionado con las plataformas digitales de video bajo demanda. La b) tampoco porque no hace mención a políticas y procedimientos de seguridad. Y la en la d), notamos la falta de hardware y software, luego tampoco es válida.

5. **b)** *Tanto las Administraciones como las Mutuas podrán acceder a la Sede y realizar trámites durante las 24 horas del día y los 365 días del año.*

> *Tanto las Administraciones como las Mutuas podrán acceder a la Sede y realizar trámites durante las 24 horas del día y los 365 días del año.*
> *Pero tendrán en cuenta los plazos previstos para cada trámite y en caso de realizar dichos trámites en días inhábiles, estos se tendrán por realizados el primer día hábil siguiente.*
> *Además puede haber momentos en los que la Sede por motivos de mantenimiento no esté operativa, pero esos momentos no están prefijados, si no que se marcan en función las necesidades.*

6. **c)** *Como norma general, a través del Registro electrónico, solo haremos la presentación de la documentación relacionada con un documento que hallamos recibido de la Seguridad Social.*

> *El Registro Electrónico de la Sede es para uso exclusivo de trámites de la Seguridad Social, cualquier empresa o ciudadano que desee presentar documentación para otras administraciones u organismos deberá utilizar el Registro Electrónico Común.*
> *Además, y en relación con los trámites a realizar con la Seguridad Social, como norma general, estos deberán iniciarse a través del listado de trámites. A través el Registro se hará la presentación de la documentación relacionada con un documento que hallamos recibido de la Seguridad social.*
> *Sin embargo existe una relación de trámites y procedimientos que se pueden iniciar por Registro.*

7. **a)** *Un certificado digital consiste en un conjunto de datos que se incorporan al navegador del usuario, y es una herramienta que permite garantizar técnica y legalmente la identidad del emisor de un documento a través de Internet.*

> *Un certificado digital se incorpora al navegador del usuario. No al sistema operativo como dice la opción b), ni al escritorio con dice la opción c). Y permite garantizar técnica y legalmente la identidad del emisor, mientras que la opción d) nos dice que no lo permite.*

8. **a)** *Verdadero.*

> *Porque en caso de obtener nuestra Cl@ve sin certificado digital a través de Internet obtendremos un acceso a un número reducido de trámites, ya que no hemos acreditado nuestra identidad con la misma seguridad que haciéndolo de manera presencial o con un certificado digital, ya que para obtenerlo tuvimos que identificarnos de manera presencial también.*

9. **d)** *Los pasos a dar para la obtención de un Certificado Electrónico son: obtener el código de solicitud, registrar la solicitud en una oficina y descargar nuestro certificado.*

> *En la opción a) falta el registro en la oficina, en la b) falta la descarga del certificado y en la c) falta la obtención del código de solicitud.*

10. **d)** *Una Sede Electrónica debe responder a principios tales como: Calidad, Responsabilidad, Prudencia, Parcialidad.*

> *Una Sede Electrónica deberá respetar los principios de:*
> - *Publicidad oficial.*
> - *Responsabilidad.*
> - *Calidad.*
> - *Seguridad.*
> - *Disponibilidad.*
> - *Accesibilidad.*
> - *Neutralidad.*
> - *Interoperabilidad de la identificación.*

Unidad 2

1. **b)** *Falso.*

> *La Sede Electrónica es un concepto regulado legalmente y que entendemos como un punto de acceso seguro donde los usuarios pueden acceder a los trámites y la información que permite la misma, garantizando la integridad y veracidad de la información y de la documentación durante los 365 días del año y las 24 horas del día.*

2. **a)** *Verdadero.*

> *Los portales y páginas web de la Administración son sitios en Internet que no requieren un nivel de seguridad específico.*

3. **a)** *"Obtener Cita Previa para Pensiones y Otras Prestaciones" es un trámite que podemos encontrar dentro de Ciudadanos/Cita previa para pensiones y otras prestaciones.*

> *"Obtener Cita Previa para Pensiones y Otras Prestaciones" es un trámite que podemos encontrar dentro de Ciudadanos/Cita previa para pensiones y otras prestaciones, ya que es una opción donde podemos encontrar este trámite y "Consultar/Eliminar Cita previa".*

4. **c)** *Existen dos formas de acceder a la Seguridad Social en Internet, una es a través de su portal y la otra a través de la Sede Electrónica.*

> *La Sede Electrónica y el portal de la Seguridad Social no tienen la misma organización. El portal está organizada en cinco desplegables y la Sede Electrónica en tres. Luego las opciones a), b) y d) no son correctas.*

5. **b)** *CEPROSS es el sistema de Comunicación de Enfermedades Profesionales en la Seguridad Social.*

> *La opción a) no existe, de igual modo que la c) y la d). Es la opción b) Comunicación de Enfermedades Profesionales en la Seguridad Social.*

6. **b)** *Podemos solicitar un Informe de Vida Laboral sin certificado.*

> *No es necesario tener un Certificado electrónico, se puede pedir con él y sin él. Luego al decir únicamente la opción a) no es válida. Y como se puede pedir sin Certificado, la opción c) tampoco es correcta. El Informe de Vida Laboral se puede pedir por Internet, la opción d) no es correcta.*

7. **a)** *Verdadero.*

> *Se puede acceder con Certificado, con Cl@ve, con usuario y contraseña, con SMS y también sin Certificado.*

8. **c)** *SILCOM era un certificado digital propio de la Tesorería TGSS para el uso exclusivo en el ámbito de la Seguridad Social y era empleado por las empresas y usuarios para las comunicaciones y transmisiones de datos con el servicio del sistema RED.*

> *Para su uso con el sistema RED (Remisión Electrónica de Datos) que es propio de la Seguridad Social.*

9. **d)** *Todas son correctas.*

> *Todas las opciones son correctas y hay más opciones.*

10. **b)** *La Tarjeta Sanitaria Europea se puede solicitar con y sin certificado digital.*

> *Si accedemos sin certificado digital debemos completar la información que la aplicación va solicitando y tener actualizado el domicilio que figure en la base de datos de la Seguridad Social, ya que es donde llegará la tarjeta en un plazo no superior a 5 días.*
> *Si accedemos con certificado digital nos dirigirá a Tu Seguridad Social y en el apartado "Asistencia sanitaria" tendremos que pulsar en "Pedir Tarjeta Sanitaria Europea". Ahí podremos indicar el domicilio al que queremos que sea enviada dicha tarjeta, que llegará en un plazo no superior a 5 días.*

Unidad 3

1. **c)** *RED Directo exige una autorización previa para su utilización. Esta autorización se concede a aquellos sujetos responsables de la obligación de cotizar, siempre que gestionen CCCs con un número no superior a 15 trabajadores en el momento de solicitar dicha autorización o hasta un máximo de 25 trabajadores si aumenta a lo largo de la vida del CCC.*

> *En el momento de solicitar la autorización, el número de trabajadores que gestiona la CCC no puede ser superior a 15, pudiendo aumentar a 25 durante la vida del CCC. Por lo tanto, ni 5 de la opción a), ni 10 de la b) y tampoco 25 de la d).*

2. **a)** *La huella electrónica aporta la misma validez legal que el sellado físico en una oficina física de la Administración.*

> *La Huella Electrónica aporta exactamente la misma validez legal que el sellado físico en una oficina física de la Administración y frente a las partes y a terceros.*

3. **b)** *Dentro del apartado Incapacidad Temporal online podremos realizar los trámites de comunicación con la Entidad Gestora de la Seguridad Social que ésta nos requiera.*

> *Recordemos que desde 1 de abril de 2023 ya no se tramitan los partes médicos de baja que aportan las personas trabajadoras, sino que es el facultativo competente quien hace directamente esa comunicación a la Entidad Gestora de la Seguridad Social..*

4. **c)** *Cuando una empresa dentro del Sistema RED solicita la vida laboral de un trabajador, este informe contiene la vida laboral de ese trabajador en relación con ese Código Cuenta de Cotización.*

> *Es evidente que en cumplimiento de la Ley de Protección de Datos Personales, si un particular, en este caso una empresa, solicita la vida laboral de un trabajador, ésta sólo le puede ser facilitada con los datos referidos a la relación entre ambos y no con terceros. Por este motivo el resto de opciones no son válidas.*

5. **d)** Dar la máxima información posible relativa a las deudas de las empresas gestionadas por los usuarios del Sistema RED.

> La opción gestión de deuda tiene como objetivo el facilitar la información
> necesaria para que los usuarios tengan el pleno conocimiento de las mismas e
> incluso para su pago sin la necesidad de acudir a las oficinas de las Administra-
> ciones. Por lo tanto, las opciones a), b) y c) no son correctas.

6. **d)** La opción "Trámites alertas" nos permite consultar los trámites o incidencias
pendientes.

> La opción "Trámites alertas" sí existe en el Sistema RED y lo que nos permite
> es consultar los trámites o incidencias pendientes. No tiene nada que ver ni
> con software, ni es una especie de despertador para que se nos pasen plazos
> ni trámites.

7. **b)** Falso.

> No sólo no tiene un sistema específico para ellos si no que tienen la obligación
> de usar el Sistema RED para relacionarse con la TGSS.

8. **b)** La opción "trámites de los trabajadores" dentro del Sistema RED es el apartado
destinado a las empresas para que puedan realizar sus gestiones con la Seguridad
social: altas, bajas, variaciones, etc.

> El Sistema RED es un canal de comunicación entre las empresas y la Seguridad
> Social, no de los trabajadores. Luego las opciones a) y c) no son correctas. De
> igual modo, ocurre con la opción c) donde dice que es para que las empresas
> puedan realizar las gestiones que les pidan sus trabajadores.

9. **a)** Verdadero.

> Verdadero ya que es esa precisamente la opción que ofrece el Sistema para
> encontrar el Número de Afiliación cuando el trabajador no nos lo facilita,
> "consultas de NAF por IPF".

10. **d)** Una vez obtenido un recibo de cotización en la confirmación, se pueden realizar
distintas actuaciones tales como el cambio de la modalidad de pago, cambio de
número de cuenta y otras, todas ellas a través del Sistema.

> Un recibo de cotización confirmado puede ser modificado a través del Sistema
> y pueden realizarse diferentes acciones con él.

Unidad 4

1. **a)** *Verdadero.*

> *Totalmente cierto, deberemos tener la autorización aceptada y es una de las cosas que podremos hacer desde esa opción del Contrat@.*

2. **c)** *La copia básica contendrá todos los datos del contrato a excepción del número del DNI, domicilio, estado civil y cualquier otro dato que pueda afectar a la identidad personal del interesado.*

> *Las copia básicas de los contrato garantizan la privacidad del trabajador, con lo cual, carecerán de cualquier dato personal que lo pueda identificar. Esto hace que las opciones a), b) y d) sean incorrectas.*

3. **c)** *Comunicación de prórroga es la opción válida para comunicar los datos de una prórroga.*

> *Resulta evidente que todo contrato que tengamos comunicado y sufra una variación, deberemos comunicar dicha variación y una prórroga no es más que la variación de la fecha de finalización del contrato inicial. Y Contrat@ sí que contempla la comunicación de la prórroga, precisamente en la opción Comunicación de prórroga.*

4. **c)** *Todo contrato de trabajo es indefinido y a jornada completa, siempre que en el contrato de trabajo no se establezca lo contrario.*

> *Si el contrato no establece otra cosa, sí es correcto que el contrato es indefinido y a jornada completa.*
> *Pero puede decir otras cosas, así la opción a) no es correcta ya que dice que todos los contratos son siempre indefinidos y a jornada completa. De igual modo, la opción b) en la que dice que nunca lo son es incorrecta, pueden serlo o no. Y la opción d) tampoco es correcta ya que si el contrato estableciera la contrario a indefinido y jornada completa no podría ser así.*

5. **d)** La transformación de un contrato de duración determinada en indefinido la podremos realizar mediante la opción "Transformación a indefinido".

> Hay una opción en Contrat@ en la debemos entrar para comunicar las transformaciones de los contratos de duración determinada en indefinidos, y es "Transformación a indefinido".

6. **a)** Para trabajar con Contrat@ debemos solicitar una autorización administrativa a través de la aplicación y en los 30 días siguientes en las oficinas del Servicio Público de Empleo presentar la solicitud firmada y sellada y la documentación acreditativa. Al recibir la concesión por correo electrónico se puede empezar a trabajar.

> Para trabajar con Contrat@ debemos solicitar una autorización administrativa a través de la aplicación y en los 30 días siguientes en las oficinas del Servicio Público de Empleo presentar la solicitud firmada y sellada y la documentación acreditativa. Al recibir la concesión por correo electrónico se puede empezar a trabajar.
> En la opción b) sólo dice que hay que solicitar autorización, sin hacer mención al resto de la tramitación de la misma.
> En la opción c) nos dice que tenemos que presentar físicamente en la oficina la documentación acreditativa, pero no hace mención a la solicitud firmada y sellada.
> Y por último en la opción d nos habla de solicitar una concesión administrativa que es el otorgamiento del derecho de explotación de un bien o servicio por un lapso de tiempo determinado. Lo cual es totalmente incorrecto.

7. **a)** Verdadero.

> Correcto, podemos incluir distintas comunicaciones en un único fichero, hasta un máximo de mil.

8. **c)** Para trabajar con el sistema Contrat@ es preciso tener autorización para hacerlo y además un Certificado Digital.

> Necesitamos Autorización y Certificado Digital.
> La opción a) sólo exige autorización cuando es también necesario un Certificado Digital. En la opción b) nos dice que tan sólo con descargarlo ya podemos utilizarlo, sin Certificado ni autorización, lo cual es totalmente incorrecto. Nos dice en la opción d) que ni siquiera necesitamos una autorización, incorrecto.

9. **d)** *La Clave Personal deberá ser alfanumérica y entre un mínimo de 8 y un máximo de 20 caracteres.*

> *La Clave debe ser alfanumérica, luego las opciones a) y c) no son correctas. Además debe contener entre 8 y 20caracteres, luego la opción b tampoco lo es, ya que señala entre 18 y 28.*

10. **c)** *El Sistema Contra@ es una aplicación facilitada por el Servicio Público de Empleo (SEPE).*

> *El Sistema Contra@ es una aplicación facilitada por el Servicio Público de Empleo (SEPE) y sirve para la comunicación de los datos de los contratos de trabajo, copias básicas. Por su parte tanto el ISM, TGSS e INSS tienen sus funciones delimitadas en temas de afiliación, cotización y prestaciones, no en contratación.*

Unidad 5

1. **c)** *DELT@.*

> *SILTRA Y WinSuite 32 son las aplicaciones que se usan o usaron para acceder a RED. Contrat@ la aplicación para comunicar los contratos de trabajo. Luego, a), b) y d) no son válidas.*

2. **b)** *Para corregir un Parte de Accidente de Trabajo es necesario el haber accedido a la aplicación con el certificado asociado al perfil "Representante de Empresa".*

> *Sí es necesario haber entrado con el certificado asociado al perfil "Representante de Empresa", luego la opción a que dice que no es necesario es incorrecta. Y como no necesitamos indicar nada previamente, no es correcta tampoco la opción c). La opción d dice que no se puede corregir un Parte, lo que es totalmente falso.*

3. **a)** *Verdadero.*

> *Sí, siempre después de firmar y enviar se abre un cuadro de diálogo en el que aparece el botón aceptar para hacer efectivo el envío.*

4. **b)** *Accidente que requiere notificación urgente es aquel en el que nos encontramos con un accidente sufrido por un trabajador, en el centro de trabajo o durante el desplazamiento, con fallecimiento del mismo, que sea considerado grave o muy grave o afecte a más de cuatro trabajadores, independientemente de que pertenezcan o no todos ellos a la plantilla de la empresa.*

> *La opción a) no es válida porque se refiere a un cliente. La c) tampoco porque sólo afecta a un trabajador y no a cuatro, ni refiere fallecimiento de la víctima. La d tampoco porque señala que ocurre durante su descanso semanal y no durante el trabajo.*

5. **a)** *Verdadero.*

> *En caso de no poder hacer la comunicación el responsable, cualquier otro usuario del sistema (aunque no esté autorizado) puede hacerlo. Pero en caso de no estar registrado deberá cumplimentar un formulario de identificación.*

6. **b)** *Falso.*

> *Los incidentes sí deben comunicarse para poder tomar las medidas preventivas necesarias y que no se produzcan accidentes.*

7. **d)** *Se entiende por accidente de trabajo toda lesión corporal que el trabajador sufra con ocasión o por consecuencia del trabajo que ejecute por cuenta ajena*

> *La opción a no es válida porque falta nombrar la lesión corporal, la b y c tampoco porque no se trata de molestias si no de una lesión.*

8. **d)** *Se debe entender por "incidente" todo aquel suceso que pueda o hubiera podido causar pérdidas económicas o lesiones en los trabajadores.*

> *Un incidente es un hecho que puede o podría haber causado lesiones o pérdidas económicas, pero como es accidente laboral en una graduación más baja, no se refiere ni a los clientes de la opción a), ni a las Mutuas de la b), ni a los empresarios de la c). Solo a los trabajadores de la d).*

9. **d)** *Todas son correctas.*

> *Como vimos en el art 11 del RD 1/94 que aprueba el texto refundido de la Ley General de Seguridad Social, las opciones a), b) y c) están incluidas, luego la opción d es la correcta.*

10. **b)** *Delta@ nos permite seleccionar el formato de fichero de la exportación: Texto o XML.*

> *Delt@ nos permite exportar los ficheros únicamente en formato texto o XML.*

Evaluación Final

1. **b)** *Para corregir un Parte de Accidente de Trabajo es necesario el haber accedido a la aplicación con el certificado asociado al perfil "Representante de Empresa".*

   > *Es necesario haber entrado con el certificado asociado al perfil "Representante de Empresa", por tanto, la opción a) es incorrecta. Y como no necesitamos indicar nada previamente, no es correcta tampoco la opción c). La opción d) dice que no se puede corregir un parte, lo que es totalmente falso.*

2. **c)** *RED Directo exige una autorización previa para su utilización. Esta autorización se concede a aquellos sujetos responsables de la obligación de cotizar, siempre que gestionen CCCs con un número no superior a 15 trabajadores en el momento de solicitar dicha autorización o hasta un máximo de 25 trabajadores si aumenta a lo largo de la vida del CCC.*

   > *En el momento de solicitar la autorización, el número de trabajadores que gestiona la CCC no puede ser superior a 15, pudiendo aumentar a 25 durante la vida del CCC. Por lo tanto, ni 5 de la opción a), ni 10 de la b) y tampoco 25 de la d).*

3. **c)** *El Sistema Contra@ es una aplicación facilitada por el Servicio Público de Empleo (SEPE).*

   > *El Sistema Contra@ es una aplicación facilitada por el Servicio Público de Empleo (SEPE) y sirve para la comunicación de los datos de los contratos de trabajo, copias básicas. Por su parte tanto el ISM, TGSS e INSS tienen sus funciones delimitadas en temas de afiliación, cotización y prestaciones, no en contratación.*

4. **b)** *La opción "trámites de los trabajadores" dentro del Sistema RED es el apartado destinado a las empresas para que puedan realizar sus gestiones con la Seguridad social: altas, bajas, variaciones, etc.*

   > *El Sistema RED es un canal de comunicación entre las empresas y la Seguridad Social, no de los trabajadores. Por tanto, las opciones a) y c) no son correctas. De igual modo, ocurre con la opción c) donde dice que es para que las empresas puedan realizar las gestiones que les pidan sus trabajadores.*

5. **a)** *Para trabajar con Contrat@ debemos solicitar una autorización administrativa a través de la aplicación y en los 30 días siguientes en las oficinas del Servicio Público de Empleo presentar la solicitud firmada y sellada y la documentación acreditativa. Al recibir la concesión por correo electrónico se puede empezar a trabajar.*

> *Para trabajar con Contrat@ debemos solicitar una autorización administrativa a través de la aplicación y en los 30 días siguientes en las oficinas del Servicio Público de Empleo presentar la solicitud firmada y sellada y la documentación acreditativa. Al recibir la concesión por correo electrónico se puede empezar a trabajar.*
>
> *En la opción b) solo dice que hay que solicitar autorización, sin hacer mención al resto de la tramitación de la misma.*
>
> *En la opción c) nos dice que tenemos que presentar físicamente en la oficina la documentación acreditativa, pero no hace mención a la solicitud firmada y sellada.*
>
> *Y, por último, en la opción d) nos habla de solicitar una concesión administrativa que es el otorgamiento del derecho de explotación de un bien o servicio por un lapso de tiempo determinado. Lo cual es totalmente incorrecto.*

6. **d)** *Se entiende por accidente de trabajo toda lesión corporal que el trabajador sufra con ocasión o por consecuencia del trabajo que ejecute por cuenta ajena.*

> *La opción a) no es válida porque falta corporal al tipo de lesión, y las opciones b) y c) tampoco porque no se trata de molestias sino de una lesión corporal, asimilándose en el caso de las psíquicas.*

7. **c)** *Están obligados al uso del Sistema RED las empresas encuadradas en el Régimen General, el Régimen Especial de Trabajadores del Mar y en el Régimen Especial de la Minería del Carbón; además de los sujetos responsables obligados a cotizar encuadrados en el Régimen Especial de Trabajadores Autónomos o trabajadores por cuenta propia y los trabajadores del Régimen Especial de Trabajadores del Mar encuadrados en el grupo 1º del artículo 10 de la Ley 47/2015.*

> *Ni las empresas encuadradas en el Régimen Especial de Artistas (opción d), ni los trabajadores de los Cuerpos y Fuerzas de Seguridad del Estado (opción b), ni los trabajadores del Régimen Especial de Trabajadores de Hogar (opción a) están obligados al uso del Sistema RED.*

8. **a)** *Verdadero*

> *Existen cuatro modalidades correspondientes a dos niveles de registro. Si se trata de un registro básico, se puede obtener a través de Internet por videollamada o a través de Internet con carta de invitación. Sin embargo, si se trata de un registro avanzado, se hará a través de Internet con certificado electrónico o DNIe, o bien presencialmente en una oficina de registro.*

9. **b)** *Falso.*

> *Los incidentes sí deben comunicarse para poder tomar las medidas preventivas necesarias para que no se produzcan accidentes.*

10. **a)** *La huella electrónica aporta la misma validez legal que el sellado físico en una oficina física de la Administración.*

> *La huella electrónica aporta exactamente la misma validez legal que el sellado físico en una oficina física de la Administración y frente a las partes y a terceros.*

GLOSARIO

Accidente de trabajo

Es toda lesión corporal que el trabajador sufra con ocasión o por consecuencia del trabajo que ejecute por cuenta ajena

Certificado digital

Es una herramienta que permite garantizar técnica y legalmente la identidad del emisor de un documento a través de Internet, y consiste en un conjunto de datos que se incorporan al navegador del usuario.

Contrat@

Es la aplicación que el SEPE pone a nuestra disposición para facilitar la comunicación de la contratación online y permite a las empresas y profesionales comunicar el contenido de la contratación laboral a los Servicios Públicos de Empleo.

Delt@

Declaración Electrónica de Trabajadores Accidentados.

Entidad colaboradora o gestora

Son asociaciones de empresarios sin ánimo de lucro que colaboran con el sistema de Seguridad Social en la gestión de las prestaciones de contingencias profesionales.

Firma digital

Son una serie de métodos criptográficos que garantizan la seguridad e inviolabilidad de la comunicación y además un documento firmado garantiza que este documento es el original y no ha sido manipulado y el autor de la firma electrónica no podrá negar la autoría de esta firma.

Firma electrónica

Es una firma digital, pero con un concepto más amplio, de naturaleza eminentemente legal, ya que da a la firma un marco normativo que otorga validez jurídica.

Incidente

Es todo aquel suceso que pueda o hubiera podido causar pérdidas económicas o lesiones en los trabajadores.

RED

Remisión Electrónica de Datos.

SEPE

Servicio Público de Empleo Estatal.

SILTRA

Es el programa que se utiliza en los ordenadores personales para acceder al Sistema RED y es el que ha venido a sustituir al anterior WinSuite32.

Es el acrónimo de Sistema de Liquidación Directa.

Sistema Delt@

Es un sistema global de comunicaciones para la notificación y el tratamiento de los accidentes de trabajo que agiliza la comunicación de la información y simplifica la comunicación entre los distintos usuarios implicados.

Sistema RED

Plataforma donde las empresas, agrupaciones de empresas y profesionales se comunican con la Tesorería General de la Seguridad Social e interactúan para el intercambio de documentación e información en Internet.

TGSS

Tesorería General de la Seguridad Social

WinSuite32

Es el programa que se utilizaba en los ordenadores personales para acceder al Sistema RED. Ya no está disponible y ha sido sustituido por SILTRA

BIBLIOGRAFÍA

Bibliografía

- **Diccionario de la Real Academia Española de la Lengua (RAE).**

- **Boletín oficial del Estado (BOE):**

  ⇨ Corrección de errores del Real Decreto 668/2015, de 17 de julio, por el que se modifica el Real Decreto 1671/2009, de 6 de noviembre, por el que se desarrolla parcialmente la Ley 11/2007, de 22 de junio, de acceso electrónico de los ciudadanos a los servicios públicos.

  ⇨ Ley 11/2007, de 22 de junio, de acceso electrónico de los ciudadanos a los Servicios Públicos.

  ⇨ Ley 31/1995, de 8 de noviembre, de prevención de riesgos laborales

  ⇨ Orden ESS/484/2013, de 26 de marzo, por la que se regula el Sistema de remisión electrónica de datos en el ámbito de la Seguridad Social.

  ⇨ Real Decreto Legislativo 272015, de 23 de octubre, por el que se aprueba el texto refundido de la Ley del Estatuto de los Trabajadores.

  ⇨ Real Decreto Legislativo 8/2015, de 30 de octubre, por el que se aprueba el texto refundido de la Ley General de la Seguridad Social.

  ⇨ Ley Orgánica 3/2018, de 5 de diciembre, de Protección de Datos Personales y garantía de los derechos digitales.

- **Guías Delt@ del Ministerio de Trabajo, Migraciones y Seguridad Social.**

- **Guías SILTRA del Ministerio de Trabajo, Migraciones y Seguridad Social.**

- **Manual Contrat@ del Ministerio de Trabajo y Seguridad Social.**

- **Seguridad Social: Funcionamiento y garantías.** Pérez Sánchez, María Cristina. Ed. Boletín Oficial del Estado. ISBN: 978-84-340-1721-4.